에디터의 일

BOOK
JOURNALISM

# 에디터의 일

발행일 : 제1판 제1쇄 2023년 6월 5일
지은이 : 김담유  발행인·편집인 : 이연대
CCO : 신아람  에디터 : 이다혜
디자인 : 권순문  지원 : 유지혜  고문 : 손현우
펴낸곳 : ㈜스리체어스 _ 서울시 중구 한강대로 416 13층
전화 : 02 396 6266  팩스 : 070 8627 6266
이메일 : hello@bookjournalism.com
홈페이지 : www.bookjournalism.com
출판등록 : 2014년 6월 25일 제300 2014 81호
ISBN : 979 11 92572 94 9 03300

북저널리즘은 환경 피해를 줄이기 위해
폐지를 배합해 만든 재생 용지 그린라이트를 사용합니다.

BOOK
JOURNALISM

# 에디터의 일

김담유

: 시대는 변한다. 단절이 상수였던 오프라인 사회와 달리 디지털 초연결 사회에선 무대를 만들어 배우를 세우고 관객을 불러들이는 일이 중요하다. 단순히 텍스트 읽는 눈을 넘어 이제는 가치 있는 아이디어를 발견하고 가공하는 능력이 필요하다. 연결의 시대, 그 최전선에 놓인 에디터의 역할이 막중해진다.

---

## 차례

이 책은 칠순에 요양보호사로 제2의 직업을 시작하신 나의 어머니께 바칩니다.

프롤로그          에디터는 크리에이터다

나는 책을 통해 우리가 사는 세계의 측량할 수 없는 광활함을
처음으로 알게 되었고, 그것이 주는 환희에 나를 맡기는 법도
알게 됐다. 우리가 겪는 모든 확장의 주요한 부분, 소위 말하
는 '자신을 넘어서고자 하는 갈망', 우리 본질의 가장 훌륭한
점인 이 모든 거룩한 갈증은 늘 새로운 체험을 우리 안으로 받
아들이도록 고취하는 책의 기지에 빚지고 있다.

슈테판 츠바이크(오지원 譯),

《모든 운동은 책에 기초한다》, 유유, 2019, 23쪽.

언젠가 출근하는 전철 안에서 좀처럼 잊히지 않는 만평 한 컷
을 보았다. 다수의 인간 군상이 모두 핸드폰을 들여다보며 좀
비처럼 걸어가는데, 그 행렬에서 비켜난 한적한 벤치에 인공
지능 로봇이 편안하게 다리를 꼬고 앉아 책을 읽는 광경이었
다. 걷는 와중에도 핸드폰만 들여다보는 인간 무리와 책을 읽
으며 유유자적 사유하는 기계의 배치도는 한동안 머릿속을
떠나지 않았다. 인간이 있어야 할 자리에 기계가, 기계가 있어
야 할 자리에 인간이 놓인 전도된 이미지 한 장에서 앞으로
도래할 인간과 기술의 미래를 통째로 보았다면 과장일까. 아
니 이미 상당히 진행된 현실이라는 생각에 소름이 돋았다.

　다만 나는 그 만화에서 희망의 씨앗도 보았다. 책이라
는 오브제가 상징하는 '사유하는 존재'야말로 그것이 인간이

든 기계든 맹목적인 흐름으로부터 떨어져 나와 독자적이면서도 우아하게 각성 상태를 살아갈 수 있다는 것을 말이다. 살아 있음의 참맛, 일과 시스템에 압사당하지 않고 유유자적하는 생의 참맛이 '독서하는 기계'를 통해 우회적으로 환기되자 책 만드는 나의 직업이 특별한 각도로 다가왔다. 사유하는 최후의 한 사람을 위해서라도 계속 책을 만들어야겠다는 결기가 솟은 건 그 때문이다.

중세 사람들은 책을 하나의 세계로 받아들였다. 철근이나 벽돌이 아니라 언어로 이뤄져 있어 언제 무너질지 모르는 바벨탑 같은 세계일지라도, 인류는 수천 년간 책을 통해 정보를 전달하고 지식을 기록하며 바벨탑 너머 천공의 영속성을 추구했다. 이 신비로운 책의 역사에서 편집자, 에디터editor는 최초의 저자이자 발행인이었다. 지식과 교육의 세계를 대표하며 산업과 문화의 경계에서 파수꾼 역할을 해왔다. 근대에 이르러 에디터는 저자의 얼굴에 가려진 채 출판이라는 무대 아래에서 그림자로 기능한다. 하지만 책의 세상은 언어와 세계, 저자와 독자를 잇는 에디터 없이는 존립하기 어려울뿐더러 저자가 편집을 겸하는 디지털 독립 출판 시대에 에디터의 정체성은 더 긴요해졌다.

물론 책의 주인공은 저자다. 저자가 책의 원천이자 소스source이기 때문이다. 그 주인공에게 에디터는 맞춤한 무대를 마련해 주고 스포트라이트를 비춰 주는 연출자로서 무대 아래를 지킨다. 이 자리는 배우들에게 반응하는 관객의 자리와도 다르다. 어쩌면 좌석 자체가 없다. 에디터는 책이라는 사물을 생산·창조하기 위해 자신의 물성을 포기하고 기능적으로 움직일 때 성공하는 존재다. 따라서 조명이 왜 나를 비추지 않는지 불평하기보다 세상의 무수한 익명들 가운데 주인공이 될 준비를 마친 이를 제때 알아보고 무대 위로 올려세우는 능력을 연마해야 한다. 무의미한 일상에서 사물과 현상을 유심히 관찰하고 숨은 맥락과 의미와 가치를 찾아내는 데서 보람을 느끼는 사람이라면, 그이는 타고난 에디터다.

오늘날 에디터는 단순히 저자의 글을 다듬어 책 만드는 사람에 국한되지 않는다. 디지털 초연결 사회에서 말과 글을 업으로 삼는 지적 생활자이자 대화 중독자이며 사람과 사람, 세상과 세상을 잇는 섬세한 연결자로 살아간다. 그러자면 에디터는 '언어-사람-세상'으로 이어지는 관계의 삼각형을 끈질기게 응시하고, 일상의 모든 것을 주의 깊게 관찰하는 습관이 몸에 붙어야 한다. 학습하고 배우는 사람의 정체성을 평생 유지하며 살아간다고 해도 과언이 아니다. 책의 세상은 드넓고 출판의 항로는 방대하기 때문이다. 한 사람의 일생으로는 도저히 닿을 수 없어 수많은 사람이 여러 생을 거듭해 이어 달리는 항로 끝에 책이라는 보물섬이 놓여 있다. 여기에 이르려면 에디터는 크리에이터creator가 되어야 한다. 달리 보고, 새롭게 구성하여, 판을 바꾸는 일에 도전해야 한다. 그런 점에서 에디팅editing은 인간만의 일이자 가장 인간다운 일이다. 0 혹은 1로 수렴되지 않는 비정형의 세상에 질서를 부여하는 이 작업은 로봇과 인공지능이 완전히 대체할 수 없는 최후의 일이다. 설령 인간이 만든 모든 책을 인공지능이 읽고 학습한다 해도 말이다.

이 책은 줄곧 편집에 관해 말하지만 매뉴얼은 아니다. 24년 전 대학 졸업을 한 학기 앞두고 우연히 출판계에 발을 들인 아르바이트생이 텍스트 안팎에서 의미와 가치를 좇고, 연결하고, 창조하는 일에 남은 생을 투신하고자 결심하기까지 경험한 일을 기록한 직업 에세이에 가깝다. 기획과 편집을 업으로 삼고 싶은 분, 이미 그 일을 하고 있다면 더 오래 지속하고 싶은 분들을 염두에 두면서, 만인을 대상으로 에디터가 무엇 하는 사람인지 알리는 데 집중했다. 그래서 다소 거칠더라도 자기 고백적 서사를 통해 일work로서 편집이란 무엇인지, 그 본질이 드러나기를 희망하며 글을 썼다.

나는 출판 노동 당사자로서 이 정체성을 스스로 자각하기까지 여러 우여곡절을 겪었다. 경력의 절반을 회의하는 관찰자로 살았고 나머지 반을 분열하는 주체로 살았다. 일이 쉬웠던 적이 없고 사람 역시 수월했던 적이 없다. 그런데도 여태

이 일을 하는 이유가 나조차 궁금했고 한 번은 꼭 이 일의 지독한 매력을 언어로 정리해 보고 싶었다. 말과 글, 생각과 사유가 산업의 질료가 되는 출판업의 가치를 세상 사람들이 더 많이 알아줬으면 하는 마음도 한편에 있다.

텍스트의 미래가 위협받는 격랑의 시대에 에디터로서 한 걸음 더 나아가기 위해 나의 편집 경험을 되도록 객관적으로 돌아보고 분석하여 나름의 원리나 철학으로 승화해 보고자 했다. 사적인 이야기와 관념적인 논리가 교차하며 다소 어지러운 글이 펼쳐질 테지만 이 책을 읽는 독자분들은 나의 분투, 우리의 모색을 너그럽게 읽어 주셨으면 좋겠다. 책 읽는 당신을 매 순간 상상하며 책을 만들어 온 사람의 이야기이니 어느 지점에선가 우리는 지음知音처럼 반갑게 조우할 것을 믿는다.

## 편집적 욕망의 삼각형

"하시는 일이 뭔가요?"

"편집자입니다."

"편집자요? 그게 뭐지요?"

"책 만드는 사람이에요."

"아, 작가들 글 고치는 일 하시는군요."

"……"

"힘드시겠네요. 요즘 출판 어렵잖아요."

"…………………"

나의 직업은 도서 편집자다. 일명 책 만드는 사람, 흔히 에디 터라고 부른다. 이 직종이 속해 있는 서적 출판업은 업태상 제 조업이면서 한국표준산업분류로는 정보 통신업에 해당한다. 물품을 대량으로 만드는 제조업과 정보의 생산·가공·처리· 제공 등을 효율적으로 수행하기 위해 통신 기술을 이용하는 정보 통신업 사이에 나의 업이 놓여 있다. 그래서인지 출판은 정보 기술에 기반해 지식을 속도감 있게 다루는 첨단의 길을 달리면서도 여전히 가내 수공업 형태로 편집과 제작을 수행 하는, 가성비 낮은 복잡 미묘한 업종이다.

대학을 졸업하고 취업 전선에 뛰어든 이래 동종업계 사

람을 제외하고 나의 직업을 단번에 알아듣는 사람을 만난 기억이 거의 없다. '편집'이라는 단어 대신에 '책'을 말해야 통하고, 그마저도 원고 교정·교열 등 단편적인 편집 업무로 한정하는 경우가 다반사다. 글을 쓰고 책을 내려는 저자들조차 에디터의 역할을 온전히 이해하는 분이 드물다. 단순히 원고 읽어 주고 오탈자 수준의 오류만 바로잡아 책을 뚝딱 만들어 주는 사람 정도로 인식한달까. 사정이 이러하니 편집자라는 직업을 발음할 때면 나라는 사람 자체가 프레스기에 납작하게 눌리는 느낌이다.

그러나 사람들의 인식과 달리 내가 경험한 편집 세계는 전혀 단순하지 않다. 편집의 기본 소양과 기술을 익히고 숙련하는 데만 해도 십여 년은 족히 걸리고, 이 허들을 넘고 나면 기획과 마케팅이라는 산업의 거대 양봉이 눈앞을 가로막는다. 이 갈림길에서 출판의 양봉을 향해 보폭을 키우는 이가 있는가 하면 원고 편집이라는 핵심 직무를 더 깊게 파고드는 이가 있다. 능력의 차이일 수도, 취향과 선택의 문제일 수도 있다. 다만 한 가지는 동일하다. 어느 쪽이든 모두 에디터로서 '언어'와 '존재'를 경유해 남다른 '세계'를 꿈꾼다는 것.

에디터는 세상에 존재하는 무수한 언어들에 탐닉하는 사람이다. 언어로 집을 짓고 자신만의 세상을 창조하는 존재들을 알아보고 발견하는 일에서 보람과 기쁨을 느끼는 종족이다. 그 언어적 존재들을 중개자 삼아 다채롭고 기이하며 낯선 세계들에 가닿기를 욕망한다. 사람들이 각자의 언어로 재현한 이상적 세계의 판본들을 수집하고 편집하여 지금 이곳의 불완전한 세계에 개입하기를 꿈꾼다. 우리의 개입이 다시금 언어를 추동하고 존재를 변화시켜 인류가 살아가는 세계를 질적으로 도약시키기를 바란다. 에디터에게 언어, 존재, 세계 가운데 어느 것 하나 중요하지 않은 것은 없다. 에디터는 언어를 통해 세계를 모방하고, 존재를 경유하여 세계로 확장한다.[1] 나는 이 편집의 삼각 구조를 관조하는 하나의 '눈目'이될 때 가장 편안함을 느낀다.[2]

## 시대가 요구하는 에디팅과 퍼블리싱

1999년 7월 나는 우연하게도 세상이 아날로그에서 디지털로급격히 몸을 바꾸던 시절에 출판계에 입문했다. 당시는 세기말 아포칼립스의 분위기로 말미암아 사회 전반에 불안감이가득했는데 한편으론 새 시대에 대한 기대감도 적지 않았다. 인터넷이 보급되면서 지식과 정보를 습득하는 경로가 다양화되더니 곧 스마트폰이 출현하면서 문화와 경험을 공유하는기술적 툴tool이 보편화됐다. 책과 저널 등에 기반한 텍스트 문화는 디지털 이미지와 동영상에 미디어 패권을 내주며 호된몸살을 앓았지만 결국 몸을 바꾸고 언어를 변화시켰다.

나는 가방에 종이책이 없으면 가벼운 산책도 나서지 못하고 온라인 동영상 서비스OTT에 홀려 있다가도 금방 물려 활자로만 채워진 책장을 펼쳐야 숨통이 트인다. 하지만 PC를 이용해 전자책을 만들고 북트레일러와 카드뉴스를 기획해 SNS 채널에 홍보하는 일을 거의 자동으로 수행한다. 이제 에디터는 문헌적 오류 없이 책을 만들고 보도자료만 잘 써서는 곤란하다. 언론과 서점의 영향력은 예전 같지 않고 출판사 자체가 콘텐츠 플랫폼으로 거듭나 북클럽과 구독마케팅 등을 통해 독자와 직접 대면하는 시절이다. 온라인과 모바일을 기반으로 한 에디팅은 이제 우리 일의 디폴트값이 됐다.

이 같은 격랑의 시대를 에디터로 살면서 내가 확신하게 된 것은 종이책 기반의 출판업은 축소될지 몰라도 콘텐츠 플랫폼으로서 퍼블리싱publishing과 그것의 주체인 에디터는 절대 약화되거나 사라지지 않으리라는 점이다. 오히려 정보 구성과 지식 전달에 있어서 요구되는 역할이 더 많아졌고, 저자와 독자를 연결하여 널리 알리는 출판 본연의 일은 인공지능이 대체할 수 없는 에디팅의 핵이 됐다. 발견의 시대, 연결의 사회에서 소신 있고 열정적인 에디터와 마케터는 사람들 눈에 금방 띈다. 책 만드는 사람들의 스토리는 변화무쌍하고 역동적이어서 자체로 드라마 현장과도 같다.

바야흐로 자신의 지식과 경험과 감각을 스스로 발화하

는 시대에 에디터는 어떤 이야기를 꺼내야 좋을까? 자신만의 편집 경험과 스킬을 한 권의 매뉴얼로 정리하는 것도 공공에 이익이 될 것이다. 출판계에 입문하는 이들에게 갖춰야 할 소양과 덕목을 조목조목 짚어 주는 것도 좋겠다. 한때 베스트셀러만 연구했던 나는 이 강력한 실용적 쓰임새의 중요성을 모르지 않는다. 그런데도 굳이 메타적인 이야기를 건네려 한다. 잘 정리된 매뉴얼 도서도 많고 출판 학교도 제법 생겼지만, 에디터가 스스로 이 일을 오래 지속할 수 있도록 용기를 주고 자존감을 유지할 수 있도록 돕는 책은 드물다. 무엇보다 일과 삶 양편에서 에디터의 직업적 욕망을 한 줄로 꿰려는 책이 없다. 내가 이 책에서 '편집하는 인간Homo editus'의 욕망을 제시하며 에디터의 일과 삶을 동시에 들여다보려는 이유다.

## 내적 질문에서 공공 어젠다로

진리를 향한 화두話頭가 불가의 참선 수행자들에게만 절실한 것은 아니다. 에디터도 매일 매시 매분 매초 질문을 먹고 자란다. 자아의 본래 면목과 세상의 참된 진리를 깨우칠 때까지 화두 하나 부여잡고 면벽하는 수행자들에 비길 바는 아니지만, 언어로 이루어진 관념의 성에서 길을 잃지 않으려면 에디터야말로 질문하기를 멈추지 말아야 한다. 질문에 질문을 거듭하다 보면 질문 그 자체가 답이 되고 책이 되는 시간이 찾아온다.

에디터는 직업적으로 질문을 던지며 답을 찾는 사람이다. 하루 종일 타인의 원고를 들여다보느라 구부정한 뒤태를 가졌을지언정 호기심으로 반짝이는 눈과 개입하고 싶어 안달하는 마음으로 누구보다 활발한 내면을 품고 살아간다. 이미 친숙하고 범용해서 진리처럼 굳어진 가짜 현실에 균열을 낼 수 있는 이가 누구인지, 생각 없는 다수가 무의식적으로 좇는 욕망에 메스를 들이대 악성 종양을 도려낼 수 있는 이가 누구인지, 아무도 딛지 못한 지식의 절벽에 약초처럼 희귀하게 뿌리 내린 이가 누구인지, 알아보고 발견하려면 에디터의 내면에는 질문이 강력해야 한다. 그러지 않으면 놓친다. 알아보지 못한다. 보고도 못 본다. 에디터에겐 질문이 곧 사명이요 숙명이다.

## 질문하는 법을 배우기

나는 좋은 에디터가 되기에는 자질이 한참 모자란 사람이었다. 여러 복잡한 원고를 한 권의 책으로 만들기까지 꼭 필요한 일관성과 지구력이 부족했고, 무엇보다 산업으로서 출판을 제대로 구현하기에는 친시장·친자본 감각이 극히 떨어졌다. 논리보다 직관을 중시하고 다소 즉흥적인 데다 감정 기복이 심하며 사고의 구체성이 떨어지는 치였다. 그런데 어쩌다 보니 인생의 절반을 에디터로 살았고, 때로는 잘한다는 기이한

소리도 들었다.

곰곰이 생각해 본다. 무엇이 나를 이 일로 이끌었을까? 어쩌다 나는 이 일에 발목이 붙들렸을까? 타고나기를 체력이 약해 엉덩이 힘과 직결되는 지구력을 요하는 일에는 젬병이었던 터라 1000매가 넘어가는 원고를 받아 들면 일을 시작하기도 전에 울상이 됐고, 자의식이 강해 자의식을 눌러야 원만히 해결되는 편집 과정에 수없이 분노하고 무수히 탈출을 꿈꿨다. 실제로 이직과 전직을 2~3년 단위로 시도하다가 나만의 전문 분야 없이 부평초처럼 떠다니기도 했으며 실패가 전부인 이력서가 유일한 자산으로 남았다.

그래도 자신하는 한 가지가 있다면 나만의 질문을 멈추지 않았다는 것이다. 어려서부터 나는 무리에 휩쓸리기보다 내면의 목소리에 따라 글을 쓰고 책을 읽고 사람을 만나 왔다. 일평생 화두 참선에 몰입하는 승려의 삶을 동경할 정도로 질문에 사로잡혀 살아가는 삶을 추구했고, 내 안에서 질문이 사라지는 날들에는 살아 있다는 감각을 잘 느끼지 못했다. 서른이 될 때까지 나를 사로잡았던 질문은 '나는 어디서 왔으며 어디로 갈 것인가'였다. 묘하게도 질문은 질문을 낳았다. 질문이 있는 한 읽고 쓰는 일이 계속됐으며, 읽고 쓰는 한 사람과 세계는 늘 흥미진진한 관찰 대상이었다. 시간을 들여 관찰하면 그만큼 애정이 깊어졌다. 이렇듯 질문하는 사람은 필연적으로 읽고 쓰는 일에 복무하게 되며, 그러다 사람을 신뢰하게 되면 그들의 책을 만들게 된다. 그들의 책을 만들며 그들이 상상하는 세상과 동화된다. 그렇게 누군가는 에디터가 되어가고 에디터로 살아간다.

어려서부터 내면의 목소리에 귀를 기울이는 사람이었다 해도 질문의 방식을 배우는 데는 길잡이가 필요하다. 다행히도 나는 소소한 수다부터 심오한 논쟁까지 두루 대화할 수 있는 이들과 곧잘 연이 닿았다. 혹여 일방으로 말하거나 듣는 관계가 형성되면 내 쪽에서 선을 그었다. 그런 관계에선 질문이 사라지기 때문이다. 질문이 자라나지 않는 관계는 어떤 의미도 가치도 키우지 못하는 불모지가 된다.

출판 세계에서 기술적으로 대화를 즐기는 선배가 상사라면 '업무상' 행운에 가깝다. 그러나 그것이 행운임을 몸소 깨닫기까진 시간이 걸린다. 출판계에는 생각이 깊고 대화를 즐기는 부류가 많이 유입되는데 나의 첫 주간님 또한 철학을 전공한 사람답게 일상의 대화에도 질문과 추론을 즐겨 적용했다. 오른손 검지를 치켜세우고 머리를 갸우뚱하며 "넌 왜 그렇게 생각하지?" 이러쿵저러쿵 답하면 또다시 질문이 이어졌다. "그래서 너의 결론은 무엇이지?" 정색하고 앉아 토론을 벌이는 시간이 아닌데도 유도 심문하듯 끊어지지 않는 그분의 질문에 신경이 곤두서곤 했다. '왜 저이는 사람의 말을 자꾸 분석할까, 그냥 느끼고 공감하면 안 되나?' 혼잣속으로 불평하는 일이 잦았다.

훗날 내가 팀을 이끌고 부서를 총괄하는 데스크를 맡았을 때 주간님이 심심해서 그런 대화를 나눈 것이 아님을 알았다. 일을 촉발하려면 질문을 통한 문제의식이 필요하며, 그것은 상사의 잔소리로 이뤄질 일이 아니라는 것을 말이다. 스스로 느끼고 깨달아 자신의 방식으로 삼지 않는 한 질문하는 삶은 영원히 요원하다. 어느 결에 팀원과 후배들에게 추궁하듯 질문하며 일하는 내 모습에서 옛 상사의 모습을 발견하곤 너털웃음을 지었다.

아직 물성을 입지 않은, 저자조차 자신의 메시지를 정리하지 못한 어수선한 원고를 마주하면 여전히 공포감이 밀려온다. 내가 제대로 읽었나? 이렇게 고치는 게 맞을까? 과연 이 제목이 온당한가? 이 디자인이 최선일까? 누가 읽을까? 얼마나 팔릴까? 제작비는 건질 수 있으려나? 편집 과정이란 적지 않은 인력과 시간과 자본이 투여되는 끊임없는 의사결정의 연속이므로 질문에 답할 수 없다면 한 걸음도 나아가지 못한다. 충분하지 않고 완벽하지 않더라도 단계마다 결론을 내리고 그 결정에 책임을 져야 한다. 스스로 묻고 답하는 일련의 사고 훈련이 덜 된 사람은 중간에 나자빠진다. 상사에게 미루고 후배에게 맡기다 스스로 자기 자리를 지운다. 그만그만한 책을 내다 존재감도 없이 사라진다.

에디터는 분절과 단속으로 점철된 일상의 세계를 연속된 흐름의 언어로 변환하는 일, 혹은 그 반대의 일을 습관처럼 해내야 한다. 그러자면 사변을 쳐내고 핵심 생각을 붙드는 힘이 중요하다. 작디작은 문제라도 끈질기게 물고 늘어지며 문제를 문제답게 키워 공공 의제로 승화해야 한다(이에 대해서는 다음 절에서 책세상문고 사례를 통해 살펴보겠다). 에디터의 강한 문제의식 하나가 1만 명의 생각을 바꾸고, 10만 명의 감성을 바꾸고, 100만 명의 삶을 바꿀 수 있다고 믿는다면 오만일까? 하지만 기적처럼 그런 일이 벌어지고는 한다.

그래서 필요한 건 재능이 아니라 질문이다. 삶에 대한 질문, 사람에 대한 궁금증, 사물에 대한 호기심, 무지에서 벗어나고자 하는 갈망, 앎의 도약이 주는 환희 등등. 이것은 모든 이에게 가능하다. 그리고 그 질문과 호기심과 앎의 욕구는 결국 언어의 회로, 문자의 체계를 따라 움직인다. 문제는 질문을 계속 이어갈 수 있는가에 달려 있다. 항심恒心과 하심下心이 절대적으로 필요한 이유다. 항심이 시간을 통과하는 힘이라면, 하심은 어디서건 무엇이건 배우고자 하는 마음이다.[3]

## 편집은 창조다

그렇다면 편집編輯이란 구체적으로 무엇인가? 국립국어원 표준국어대사전에서는 "일정한 방침 아래 여러 가지 재료를 모아 신문, 잡지, 책 따위를 만드는 일. 또는 영화 필름이나 녹음테이프, 문서 따위를 하나의 작품으로 완성하는 일"이라고 규정한다. 여기서 핵심 구절은 '일정한 방침 아래'와 '하나의 작품으로 완성하는 일'이다. 사실 문서나 자료를 일정한 방침 아래 섞고 짜깁기하는 행위는 출판 현장 외에서도 수시로 이루어진다. 신문과 방송의 뉴스만 봐도 그렇다. 공영 매체의 뉴스는 흔히 객관적 사실로 받아들여지지만 실상 그것을 취재하고 보도하는 이들의 관점이 취사선택하고 강조한 정보다. 편집되지 않은 정보란 없다. 일본의 편집공학자 마쓰오카 세이고는 인간의 모든 역사가 편집에서 시작했다고 주장할 정도다. 그는 인간의 DNA 자체가 오랜 세월 편집된 인류 역사의 가장 강력한 증거라고 설명한다.[4]

창조가 곧 편집이라고 말하는 이도 있다. 한국의 문화심리학자 김정운은 짜깁기 기술로서의 '에디팅editing'과 창조적 능력에 해당하는 '에디톨로지editology'를 구분하면서, 인식의 패러다임을 바꾸는 과정에 관여하는 편집이야말로 창조의 근원이라고 말한다.[5] 이는 애플 회사를 창립한 스티브 잡스의 슬로건 "다르게 생각하라Think Different"와도 직결된다. 잡스는

2000년대 최고의 혁신으로 꼽히는 아이폰을 개발하면서 누구나 주머니에 슈퍼컴퓨터를 휴대할 수 있는 시대를 열었다. 플라스틱 쿼티 키보드 대신에 손가락으로 터치하는 멀티스크린을 도입해 전자기기에 익숙하지 않은 어린아이부터 노인들까지 스마트폰을 즐기도록 만들었고, 손안에 들어오는 작은 휴대폰으로 글자 수 제한 없이 문자를 주고받는 소통 공간을 열었으며, 사진을 찍고 동영상을 제작해 SNS로 실시간 공유하는 디지털 소통 문화의 초석을 다졌다. 이런 선도적 IT 기술을 토대로 '아랍의 봄'으로 상징되는 중동의 민주화가 촉발됐고, 2020년 이후 코로나19 팬데믹 쇼크에도 불구하고 격리된 세상에서 대다수 사람이 미치지 않고 살았다.

캐나다 저널리스트 맬컴 글래드웰은 잡스의 천재성이 디자인이나 비전이 아니라 바로 이 '다른 것'을 보고 개량하는 능력, 즉 편집력에 있다고 지적한다. 통신 수단에 불과했던 휴대용 전화기 한 대에 컴퓨터와 음향기기와 카메라를 모두 탑재할 수 있다고 믿은 사람은 당시 스티브 잡스가 유일했다. 키보드 없이 컴퓨터 화면을 터치한다는 개념도 그가 창안했다. 그러나 그의 작업은 엄밀히 말해 무에서 유를 이뤄낸 창조가 아니다. 기존의 유에서 또 다른 유를 이뤄낸 편집이다. 익숙한 사물의 질서를 다르게 보고 새롭게 해석하며 창의적으로 연결해 재구성하는 행위, 이것이 편집의 본질이며 인간적 창조의 핵심이다.

## 시장을 창출하는 기획

수습 에디터 시절, 자기 글에 골몰하는 문인의 정체성이 강했던 나는 타인의 원고를 한 권의 책으로 '완성'하기 위해 '일정한 관점이나 방침'을 연마하는 일에 둔했다. 에디터로서의 정체성이 거의 없었다. 책을 만드는 에디터는 인간과 세상에 대해 끊임없이 질문하고, 반성적으로 사유하며, 열린 마음으로 소통해야 한다는 사실을 어렴풋이 인식하게 된 것은 책세상 출판사에서 '우리시대' 문고를 편집하면서부터다.

책세상은 한국을 대표하는 인문 출판사로, 내가 처음 입사했던 2001년에는 '우리의 눈으로 우리 시대를 읽는다'를 취지로 기획된 '책세상문고·우리시대'가 출판 시장에서 큰 호응을 얻고 있었다. 당시 편집권을 총괄하던 김광식 주간은 국내에 박사급 강사가 5만 명이 넘는다는 기사를 우연히 읽고 우리시대 시리즈를 기획했다고 신문 인터뷰에서 밝힌 바 있다. 그러나 단순히 기사 한 줄의 영향으로 일본의 이와나미 岩波文庫와 프랑스의 크세주Que sais-je에 견주는 문고 시리즈가 나오진 않는다. 남아도는 지식인 그룹과 넘쳐나는 사회 이슈를 연결하는 '편집적 능력'은 출판 아이템과 필자 발굴에 대한 집요하고도 오래된 문제의식이 있었기에 가능했을 것이다.

우리시대 시리즈는 기획 당시 크게 두 가지 목표에 집중했다. 하나는 30~40대 젊은 연구자들이 난민촌, 원조 교제, 비정규직, 초국적 기업, 영어 공용화, 디지털 거버넌스 등 우리 시대가 당면한 다양한 이슈에 학문적 근거를 갖고 발언하는 장을 마련하는 일이었다. 또 다른 하나는 대학을 졸업한 후에 마땅한 읽을거리가 없는 독자들에게 지적 갈증을 해소하고 문제의식을 키워 줌으로써 궁극적으로 우리 사회의 헤비 리더heavy reader 또는 얼리 어답터early adopter로 성장하도록 돕는 일이었다. 저자군을 육성하고 독자층을 키우자는 이 두 목표는 출판 명분이 확실해서 책세상 내부 구성원들을 강하게 결속했고, 불가능해 보이던 종수를 단기간에 출판하며 인문 교양 문고 시장을 열어젖혔다.

우리시대의 행보는 여기에 그치지 않고 책세상문고 두 번째 시리즈 '고전의 세계'와 세 번째 시리즈 '세계문학'으로 이어지면서 본격적으로 문고 시장의 부활을 알렸다. 광복 이후 국민의 계몽을 담당하며 크게 부흥했던 한국의 문고 출판은 문학 전집과 단행본 출판에 자리를 내주며 1970년대 이후 사양길을 걸었었다. 책세상문고 시리즈는 30년 만에 국내 문고 시장을 새롭게 부활시키면서 국내 인문학과 동서양 고전을 작지만 단단한 물성으로 대중에게 전파하는 데 성공한 셈이다. 2000년 이후 지난 20년 동안 책세상문고에 영감을 받아 특색 있는 문고 시리즈가 여럿 출현했고 그 흐름은 현재까지 이어져 분야와 내용을 막론하고 혁신적인 시리즈가 끊이지 않는다.

죽은 시장을 되살리거나 없는 시장을 만들어 독자층을 창출하고 확장하는 일이 지식 사회에 어떤 흥을 불어넣는지, 팀원으로서 함께한 경험은 값을 매기기 어렵다. 이런 성공 DNA가 몸에 각인된 사람은 대형 프로젝트 론칭을 앞에 두고 의심하고 회의하는 구성원들에게 확신을 불어넣으며 누구보다 빠른 실행력을 보일 가능성이 크다. 출판은 데이터가 생명이지만 그것으로만 움직이는 산업이 아니기에 에디터의 다양한 경험과 강력한 신념이 프로젝트의 향방을 왕왕 결정짓기도 한다. 그런 에디터의 신념은 바로 '질문하는 힘'에서 비롯한다고 나는 믿고 있다.

## 원고라는 원점

### 원고와 글을 구분하기

2000년대 초반 책세상 출판사에는 독특한 사내 교육 문화가 있었다. 당시 책세상은 해마다 신입 사원을 뽑았는데, 사외에 마땅한 출판 학교가 없어 신입 교육을 전부 사내에서 소화해야만 했다. 책세상은 전집이나 문고 등 시리즈물에 특화된 출판사라서 맨파워보다는 팀워크가 중요했고, 대규모 시리즈를 연속해 선보이면서 직원 모두가 합심해 에너지를 집중할 필요가 있었다.

김광식 주간은 기획, 편집, 제작, 홍보, 마케팅, 물류 관리 등 출판 전 과정에 대해 담당 부서뿐만 아니라 타 부서도 일정 수준 이해하고 원활히 소통할 수 있도록 일종의 쌍방 도제 교육 방식을 설계했다. 예를 들어 기획 파트는 주간이, 편집과 제작은 에디터가, 홍보와 마케팅은 마케터가 업무 매뉴얼을 토대로 강의안을 만들어 배포한 뒤, 전 직원을 앞에 두고 실무 교육을 펼쳤다. 한글 맞춤법이나 외래어 표기법 등 편집부 고유 업무에 필요한 지식은 에디터들끼리 따로 커리큘럼을 짜서 공부하기도 했다.

책세상문고·세계문학(이하 '세계문학') 시리즈를 기획하고 준비하던 시기에는 신입 사원부터 부서장까지 어느 한 사람 예외 없이 일주일에 한 번씩 모여 근현대 한국 문학 작품을 읽어 나갔다. 이때 업무용으로 읽은 소설이 대학에서 읽은 소설보다 훨씬 방대했다. 에디터든 마케터든 본업을 소화하기에도 벅차서 야근과 철야가 잦았지만 독서 토론회에 모두가 큰 불평 없이 참석했던 기억이 난다. 한국 사회에 개인주의가 보편화된 지금에는 상상하기 어려운 일이다.

전담 업무와 출판 교육으로 이중삼중 시달리던 어느 날이었다. 기획 강의 시간에 주간이 불쑥 질문 하나를 던졌다.

"원고와 글은 같은가요, 다른가요?"

같은 거 아냐? 달랐어? 웅성웅성하는 가운데 저 질문에 답한 사람은 우연하게도 나였다.

"다릅니다. 사람들의 일반적인 기록을 글이라고 한다면 그중 출판하기 위해 쓴 글을 원고라고 합니다."

"맞습니다. 우리가 다뤄야 할 대상이 분명해졌네요. 바로 출판할 목적으로 쓰인 원고죠."

어쩌다 나는 답을 맞혔지만 사실 출판의 시작점인 원고에 대해 전문적인 관점이 정립된 상태는 아니었다. 다만 2년간 수습 에디터 시절을 거치면서 눈치껏 알아차렸던 것 같다. 내가 일기장에 기록하는 글과 마감을 앞두고 원고지나 문서 프로그램에 작성하는 글이 다르다는 것을.

그날 기획 강의에선 세상에 널리고 널린 글 더미에서

출판 가능한 원고를 발굴하는 기준과 안목에 대해, 학술 출판과 상업 출판에서 다루는 원고의 차이 등에 대한 논의가 이어졌을 것이다. 자세한 내용은 휘발되고 없지만, 그날 나는 글과 원고의 차이를 직업상 결정하는 존재가 에디터라는 사실만큼은 정확하게 인지하면서 저 질문의 아우라에 사로잡혔다. 에디터의 일과 삶에 별스러운 고민이 없던 내게 '원고'라는 영점이 잡히는 순간이었다.

## 대변하고 매개하여 소통하기

일에서 영점, 기준점, 핵을 잡는 것은 거의 전부라 할 만큼 중요하다. 영점이 있어야 내 일의 플러스와 마이너스를 계량할 수 있고, 기준점이 있어야 축소도 확장도 가능하며, 핵이 있어야 주변부에서 방황하다가도 다시금 돌아올 수 있다. 에디터에게 영점은 원고다. 원고를 중심에 놓고 생산자인 저자와 소비자인 독자를 어떻게 연결할지 궁리하는데, 이 행위의 총체가 바로 편집이며 그 결과가 책이다. 에디터는 원고지나 파일 형태의 원고 더미에 일정한 질서를 부여해 책을 만들어내는 장인이면서, 저자가 상징하는 지적·심미적 세계와 독자가 상징하는 출판 시장을 연결하는 에이전트다. 따라서 에디터는 글을 즐겨 읽고 예리하게 비평하는 안목 못지않게 전문 독자의 깊이와 대중 독자의 너비를 가늠하며 책의 물성을 자유자

재로 다루는 심미안을 갖춰야 한다. 추상抽象에서 구상具象으로, 심상心象에서 물상物象으로 편집자가 타고 노니는 구역은 상당히 방대하고 복잡하다. 그래서 원고라는 기준점이 중요하다. 글은 오롯이 저자에게 귀속되지만, 원고는 저자의 것이면서 에디터의 손을 타고 독자에게로 간다.

미국의 베테랑 에디터 피터 지나는 이런 에디터에게 '대변자'라는 지위를 부여한다. 출판사를 상대로 저자를 대변하고 저자를 상대로 출판사를 대변하는 존재이자, 저자를 상대로 독자를 대변하고 독자를 상대로 저자를 대변하는 존재가 바로 에디터라는 것이다.[6] 그의 말을 곱씹다 보면 에디터는 존재라기보다는 상태에 가깝다, 마치 신처럼(미국 장르문학의 거장 스티븐 킹은 "글쓰기가 인간의 일이라면 편집은 신의 일이다"라는 말을 남겼다).[7]

퍼즐 조각처럼 흩어져 있는 저자와 독자를 연결해 책이라는 의미망을 만들어 내고 출판이라는 가치 사슬을 추구하는 가운데 에디터는 에디터로 거듭난다. 이 지난한 과정에서 무언가를, 누군가를 대변하고 옹호하고자 한다면 대상에 대한 이해와 애정, 신뢰가 필수적이다. 물론 이 일을 수행하는 대가로 주어지는 금전과 직책과 인적 네트워크도 무시할 수 없는 동력이지만 그것이 에디터로서의 영속성을 보장하진 않는다. 또한 단순히 지적 감식안이 뛰어나다고 해서 탁월한 에디터가 되는 것도 아니다. 언어와 사람에 대한 깊은 이해, 애정, 신뢰의 마음을 갖춘 에디터가 이 복잡하고도 방대한 일에서 길을 잃지 않는다.

이해, 애정, 신뢰라는 미덕은 단연코 소통 능력에 기반을 둔다. 에디터는 무엇보다도 소통 능력이 특별한 사람이다. 혹은 소통을 중시하는 사람이다. 낯설고 이질적인 주체와 대상을 연결하고 묶는 소통 행위가 곧 편집 행위이며, 사람과 세상의 다양성을 존중하는 사람일수록 이 능력이 극대화된다. 미국에서 인재 검색 플랫폼 링크드인LinkedIn이 출현해 크게 주목받았을 때, 사람과 사람, 사람과 그룹을 연결하는 이 기업의 핵심 솔루션이 에디터 직무와 상당히 비슷하다는 생각이 들었다. 대변자이자 에이전트로서 소통하는 에디터의 정체성은 미래 사회가 요구하는 자질이다. 정보와 데이터가 넘치다 못해 슈퍼컴퓨터의 연산 작용 없이는 파악할 수도, 분류할 수도 없는 빅데이터 시대에 에디터의 감식안과 연결·소통 능력은 더욱 긴요해졌으며 출판업에 한정되지 않는 잠재력 가운데 하나다.

그렇다면 역으로 에디터를 이해하고 사랑하며 신뢰하는 존재는 누구일까? 저자일까, 독자일까, 아니면 동료 에디터일까? 나는 책 자체라고 답하고 싶어진다. 에디터의 손길을 가장 절실하게 기다리는 존재는 다름 아닌 책(이 되기 전의 책)

이다. 책이 사람을 사랑할 리는 없다. 또한 에디터의 이름은 저자 뒤에 가려지거나 지워진다. 누군가의 말처럼 에디터는 저자의 이름으로 말하는 자다. 그러나 책이라는 사물은 오래 살아남아 널리 읽힐수록 역설적으로 편집 노동을 증명한다. 출판 생태계에서 에디터의 이름이 흐려질수록, 저자의 이름을 내건 책이 알려질수록 에디터는 고유의 소임을 충실하게 이행한 것이다. 이 역설을 이해했을 때 나는 비로소 에디터의 삶이 기꺼워지기 시작했다.

책이 보상이라는 말은 곧 어떤 보상도 없다는 말과도 같다. 아니 인간적인 보상을 기대하지 않는다는 말이 더 정확하겠다. 출판 생태계에서 스포트라이트를 받아야 할 대상은 저자다. 에디터는 저자가 마음껏 활동할 수 있도록 맞춤한 무대를 설계하고 감독하는 사람에 가깝다. 에디터의 노동은 오케스트라 지휘자나 방송 프로듀서처럼 스포트라이트 바깥에서 모든 스텝을 조율하며 그림자처럼 기민하게 움직일 때 완벽해진다. 그래야 관객이 배우에게 오롯이 집중할 수 있다. 영미 문학의 전설적인 에디터 맥스 퍼킨스는 에디터의 이런 역할을 정확하게 이해한 사람이다. "이 책은 당신 겁니다. 나는 당신의 글이 대중에게 잘 전달되도록 도울 뿐이죠."[8]

## 교정지의 페로몬

대변자이자 매개자, 디렉터로서 에디터가 가진 속성을 이해한다면 책을 만드는 동안 여러 번 무너질 수밖에 없는 멘탈을 바로 세울 수 있다. 에디터의 전문성을 인정하지 않는 저자와 작업거나, 에디터라는 존재 자체를 알지 못하는 독자를 대하다 보면 마음의 생채기를 자주 입는다. 나아가 언어와 한판 씨름을 벌이며 가치를 추구하는 책 자체가 고물 또는 유령 취급을 받는 작금의 신자유주의 시대를 마주할 때면 거대한 벽을 상대하는 것 같다.

작업이 끝난 뒤 찾아오는 허탈감도 무시할 수 없다. 수개월 씨름하던 원고 더미를 한 권의 책으로 둔갑시켜 세상에 내보내고 나면 허탈감에 몸서리가 쳐진다. 신체적으로 탈진하는 경우가 대부분이다. 기력과 체력이 바닥을 치는데 숨 돌릴 틈도 없이 또 하나의 원고를 펼쳐야 한다. 아니 이미 여러 저자의 수많은 원고가 동시다발로 굴러가고 있다. 쉼이란 없다. 쉼을 원하는 몸이 있을 뿐이다. 두세 달 단위로 문학과 철학과 역사와 정치와 경제와 과학의 언어가 번갈아 에디터의 몸을 지나간다. 다른 한편에서는 시장과 자본과 마케팅과 미디어의 노골적인 언어가 에디터의 몸을 지나간다. 책마다 다른 편집, 다른 디자인, 다른 제작을 거쳐 독자적인 물성을 창조하지 못하면 독자와 시장의 외면은 더 적나라해진다.

끝 모를 높이로 가로막힌 벽 앞에서 지름길도 우회로도 없을 때, 에디터는 어떤 선택을 해야 할까? 역시나 원고다. 원고 더미에 코를 박고 교정지의 페로몬에 흥분하며 앎을 확장하고 사람을 발견하며 순간순간을 온전히 살아내야 한다. 에디터의 심장을 뛰게 하는 건 이제 막 탈고한 저자의 원고다. 저자의 첫 독자로서 책이 될 원고의 최종 질감과 색감과 크기와 두께를 상상하며 한 장 한 장 읽어 내려가는 기쁨은 그 무엇에도 견주기 어렵다. 외로운 골방에서 길어 올린 타인의 언어를 드넓은 광장으로 내보낼 생각에 전율이 인다. 저자가 수고롭게 길어 올린 옥수玉水를 맑고 투명한 병에 담아 목마른 이들에게 건네고, 목을 축인 이들이 다시 힘을 내어 한 걸음 두 걸음 전진하는 모습을 지켜보는 일은 자체로 아름답다. 세상에 실패하는 원고는 있어도 실패하는 글은 없다. 저자의 실패는 에디터의 방임과 결코 무관하지 않다. "원고와 글은 같은가요, 다른가요?" 20년이 지났는데도 이 질문이 여전히 나를 죽비처럼 때리는 이유다.

## 차이를 감별하는 눈

2000년대 초반 책세상 출판사가 우리시대 시리즈를 내놓으며 기존의 문고 시장을 혁신해 나갈 때 크게 유행하던 광고가 있었다. "모두가 Yes라고 할 때 No라고 말하는 사람이 좋다"

라는 카피로 유명해진, 한 증권사의 광고다. 증권업에서 남다름이란 주식 종목 선정이나 매수·매도 타이밍을 선별하는 일 등에 한정되기 마련이다. 그런데 남들이 모두 앞을 향해 있을 때 홀로 뒤돌아 '아니오'를 외치던 화이트칼라 남성의 이미지는 좀 더 넓은 직업 세계에서 창의적인 인재상을 거론할 때 곧잘 인용되곤 했다. 혁신도 창의도 결국 '다름'에서 시작한다는 걸 상업 광고 하나가 콕 집어 보여 준 셈이다.

편집이야말로 '다름'을 감지하는 촉수가 예민하게 요구되는 직업이다. 문자가 출현하고 종이와 인쇄술이 발명돼 현재의 책이라는 물성이 완성되기까지 7000년 동안 하늘 아래 새롭게 쓰인 이야기가 과연 몇이나 될까? 20세기 디지털 전환기를 맞아 종이책 대신에 전자책이, 소유용 책장 대신에 공유형 플랫폼이 대세를 이루며 콘텐츠 미디어 형태가 크게 변화했는데도 그 안에 담기는 인간의 지식과 통찰, 희로애락에는 큰 변화가 없다. 한데 이것은 어디까지나 책의 본질을 망원경으로 조망했을 때의 이야기다. 시대와 지역과 세대를 나눠 현미경으로 촘촘히 들여다보면 다른 인물, 다른 스토리, 다른 주제로 변화무쌍하다.

다름의 본질은 곧 분절이다. 이미 하나로 굳어진 현상과 의미의 연속체를 쪼갤 때 틈이 생기고, 작디작은 틈에서 자라난 생각 하나가 결국 다른 세상을 창조해 낸다. 세상의 결은 거대하고 추상적인 관념이 아니라 세밀하고 구체적인 눈 하나가 바꾼다. 아니 디테일에 전체를 담는 눈이 더 정확한 표현이겠다. 소형 무선 전화기에 불과했던 핸드폰에 컴퓨팅을 시도하여 지금의 만능 스마트폰을 만든 사람들처럼 말이다.

## 작은 차이를 크게 키우기

책세상문고·세계문학 시리즈를 기획할 때 내가 염두에 둔 것도 이 작은 차이였다. 국내 소장학자들의 학문적 성과와 당대의 사회 이슈를 접목한 '우리시대'가 스테디셀러 서가에 자리를 잡고, 세계적인 인문 고전의 서문이나 중요 아티클을 발췌·번역해 전공자의 해제를 붙인 '고전의 세계'가 뜻밖에도 흥행을 거두던 때였다.

　　당시 김광식 주간은 벼르고 벼르던 세 번째 프로젝트에 착수했다. "문고의 결정판은 문학 아니겠어요?"라고 운을 떼며 당시 만 스물여섯 살의 내게 '세계문학' 기획 실무를 제안하고 가이드라인을 제시했다. 대학에서 국어국문학을 공부하고 문단에 데뷔해 시를 발표하고는 있었지만 이제 막 문청 딱지를 뗀 내게 '세계문학' 시리즈를 진행할 만한 안목과 내공이 쌓여 있을 리 만무했다. 그런데도 덜컥 실무를 맡은 이유는 꼭 시도해 보고 싶은 일이 있었기 때문이다. 바로 세계 문학이라는 범주에 한국 문학을 포지셔닝하기. 현대 문학뿐만 아니라《구운몽》,《홍길동전》등 우리 옛 작품을 세계의 고전classic 레벨에서 적극적으로 해석하기. 2000년대 초반까지 출간된 세계 문학 시리즈 가운데 시든 소설이든 수필이든 한국 문학 작품을 단 한 권이라도 포함한 출판사는 없었다. 그때까지 한국에서 세계 문학이란 곧 유럽과 북미 중심의 서양 문학을 뜻했다.

① 세계적인 문학 작품의 가치를 갖되 한국에 아직 소개되지 않은 작가, 이미 소개됐다면 소개되지 않은 작품을 엄선한다.

② 다른 세계 문학 시리즈처럼 소설에 국한하지 않고 시, 산문, 희곡까지 전 장르를 망라한다. 아웃사이더 장르를 인사이더로 끌어들인다.

③ 한국의 고전 문학과 현대 문학을 세계 문학에 포함하고, 시리즈의 첫 책으로 낸다.

이 세 가지를 골자로 기획안을 작성하고 나니 다음에 할 일이 명료해졌다. 북미와 남미, 영국을 포함한 유럽, 아프리카와 아시아 등 언어권별로 쓰인 중요 문학사를 읽어 나가는 동시에 전문가의 조언을 통해 숨은 진주들을 캐내야 했다. 세계 문학과 한국 문학에 두루 밝은 문학 평론가 한 분과 제3세계 문학에 조예가 깊은 미학도 한 분을 모셔 기획팀을 꾸렸다. 우리는 6개월간 500여 종의 후보 리스트를 만드는 한편, 작품 이해도와 번역 실력을 두루 갖춘 전공자를 물색했다. 더불어 편집 비용과 기간을 최대한 줄이기 위해 저작권이 소멸한 국내외 타이틀을 확보하는 데도 품을 들였다.

일련의 작업을 위해 기존 세계 문학 시장에 대한 일차 자료가 필요했다. 자료 조사 방법을 배운 바도 없고 전수 조사 개념조차 알지 못했지만 '몸빵'의 힘은 일찍이 알고 있었다. 나는 시시때때로 국립중앙도서관과 국회도서관 홈페이지에 들어가 출판사별로 펴낸 세계 문학 출간 리스트를 긁어다 하나의 파일로 정리했다. 겹치는 작가와 작품, 겹치지 않는 작가와 작품 등을 일별하면서 시리즈별로 특장점과 약점을 분석해 나갔다. 퇴근 후면 참새가 방앗간 들르듯 대형 서점에 들러 세계 문학 서가를 훑었다. 새로 나온 컬렉션은 없는지, 기존 시리즈는 어떤 물성으로 책을 만드는지, 습관처럼 살피고 점검했다.

역시나 영미권과 유럽 문학이 대세였고 어렵사리 번역된 제3세계 문학은 절판된 책이 부지기수였다. 아시아 문학은 중국과 일본을 제외하고는 존재감이 거의 없었으며, 무엇보다 근대라는 시기와 소설이라는 장르의 프레임을 과감하게 벗어난 시리즈가 없었다. 자료가 쌓일수록 우리의 기획 방향이 타 출판사 시리즈와 다른 결을 확보했다는 확신이 들었다.

나아가 보급용 문고로 제작될 터여서 시대, 언어, 장르의 한계를 넘어 독자에게 부담 없이 다가갈 수 있다는 이점이 있었다. 우리가 그리려는 방대한 문학 지도 앞에 내가 그어 놓은 출발선이 시리즈의 기준이 되고 스타일로 굳어 가는 모양새를 지켜보는 일은 두려우면서도 짜릿했다.

책세상문고·세계문학의 첫 작품은 장고 끝에 장용학 소설집 《요한 시집 외》로 정했다. 장용학은 한국에도 프랑스 못지않은 실존주의 문학이 가능함을 알린 작가인데 그 가치를 아는 이가 드물었다. 아울러 단편 〈요한 시집〉은 일제 강점기에 이식된 서구 근대 문학의 문법과 자장에서 진일보한, 지금 읽어도 차원 높은 세계관과 스타일을 보여 주는 작품이다. 대중에게 덜 알려진, 그러나 뛰어난 문학성이 강조된 작품이 첫머리에 놓이자 다소 마니악한 취향을 가진 독자층이 형성되기 시작했다. 그중 다음의 작품은 지금까지 꾸준히 읽힌다.

1960년대 미국의 히피 정신을 대표하는 윌리엄 버로스의 소설 《네이키드 런치》, 《돈키호테》를 쓴 스페인의 대문호 미겔 데 세르반테스의 숨겨진 희곡집 《누만시아·사기꾼 페드로》, 중국 청대의 빼어난 산문가 심복의 《부생육기》 등은 발견의 미학이 돋보인다. 러시아 혁명의 불꽃 블라디미르 마야콥스키의 시선집 《대중의 취향에 따귀를 때려라》, 바쇼와 부손과 잇사 등 일본의 대표적 하이쿠 시인들의 작품을 엄선한

《일본 하이쿠 선집》은 혁명의 언어와 수양의 언어가 동시다발로 가능한 시적 세계로 독자들을 초대한다. 무엇보다 한국 환상 문학의 효시인 김만중의《구운몽》, 한국의 빼어난 개혁 소설《홍길동전》, 한국 로망스의 전형을 보여 준《춘향전》등은 국내 고전 연구자들을 세계 문학 연구자로 포지셔닝하는 기념비적인 작업이 됐다.

책세상문고·세계문학은 오랜 시간 자본을 투자해 뚝심 있게 밀어붙인 메이저 출판사들의 시리즈처럼 장수하지는 못했다. 그러나 결정적인 차이를 감별해 남다른 컬렉션을 선보였다는 점만큼은 부정하기 어렵다. 당시만 해도 한국 문학을 세계 문학 시리즈에 포지셔닝한 출판사는 없었고(지금은 민음사와 문학동네가 한국 문학을 세계 문학 시리즈에 포함하고 있다), 근현대 소설 위주로 세계 문학을 파악하던 한국 독자들에게 시와 희곡도 소설만큼이나 다양하고 매력적이라는 것을 알렸다. 아울러 낯선 문학을 접하고 어리둥절할 독자들을 염두에 두고 에디터로서 시도했던 두 가지 에디팅은 지금 돌아봐도 나쁘지 않다. 첫째, 이미 작고한 저자들을 가상 공간으로 초대하여 인터뷰 방식으로 자신의 작품을 말하게 함으로써 지금 이곳의 '문학적 현존'을 부각했다. 둘째, 통상의 연대기적 시간순에 따른 작가 연보 대신에 전기 형식의 내러티브형 연보를 시도함으로써 저자의 일생과 문학적 궤적에 대한 대중의 이해도를 높였다.

500종은커녕 50종도 펴내지 못한 책세상문고·세계문학을 자부하는 또 다른 이유는 독자들의 피드백 때문이다. 이 시리즈를 까맣게 잊고 살아가던 어느 날, 책세상문고·세계문학이 왜 남달랐는지를 말해 주는 독자들을 여럿 만났다. 전문 독자인 비평가도 있었고 일반 독자도 있었다. 담당 기획자도 잊은 시리즈를 여전히 읽어 주는 독자들을 만나자 심장이 쿵쾅거렸다. 한국 문학을 세계 문학 반열에서 읽을 수 있다는 관점이 신선하다, 연극 종사자로서 고전이라 할 만한 희곡 작품을 우리말로 읽을 수 없어 안타까웠는데 책세상 시리즈가 해결해 줘서 고마웠다, 시리즈에 시와 희곡과 산문이 포함되어 다채로웠다 등의 독자평은 좀처럼 잊히지 않는다. 저자는 글을 쓰고 에디터는 책을 만들지만 그 책을 저자나 에디터보다 더 오래 반복해 읽으며 살아 있게 만드는 존재는 독자라는 사실을 마음 깊이 새기는 계기가 됐다. 읽어 주는 사람이 없다면 책이, 출판이 다 무슨 소용이랴.

## 매뉴얼을 넘어선 매뉴얼

몇 년 전 온라인 지식 백과를 만드는 연구소에서 출판 편집 매뉴얼을 단행본으로 만드는 작업을 할 때였다. 원고 집필차 자료를 구해 읽고 업계 선후배들을 찾아 경험과 노하우를 청해 들으며, 100년 남짓한 시간 동안 역동적으로 발전해 온 한국 출판의 현주소를 확인할 수 있었다. 성인 단행본만 해도 한해 8만 종이 넘게 출판되며 엄청난 생산량을 자랑한다. 해외수상 실적도 꾸준히 늘고 있고 판권 수출액은 매년 증가세를 보여 2021년 기준 4억 3000달러(2023년 5월 기준 한화 5700억원)에 이르렀다.[9]

그럼에도 안타까웠던 점은 업계에 입문하면 누구라도 참고할 만한 정통 매뉴얼 한 권 없이 입에서 입으로, 손에서 손으로 도제 교육받듯 전달되는 편집 현장의 낙후성이었다. 참고했던 도서들 가운데 편집 공정에 대해 개념부터 활용까지 빈틈없이 다룬 도서도 있었으나 이제는 수명이 다한 활판 인쇄에 기반하고 있었다.[10] 근자에 나온 책들 중에는 매뉴얼 방침이나 디자인적 구조가 남다른 도서를 찾아볼 수 있었으나 책의 절반을 한글 맞춤법과 외래어 표기법에 할애하고 있었다. 원고 교정자가 언어권별로 사전을 여러 종 옆에 두고 일하던 과거 아날로그 시대라면 모를까, 인터넷 전자사전과 각종 백과사전을 스마트폰으로도 시시때때로 검색할 수 있는 시대에 그 책의 절반은 종이 낭비에 가까워 보였다.

출판이 무엇이고 그중 편집은 무엇이며 편집자는 어떤일을 해야 하는지, 기준이 되고 규범이 될 만한 전문성을 갖춘 이가 드문 탓일까? 그럴 리는 없다. 출판 '업'에 대해, 편집 '일'

에 대해, 편집'인'에 대해 이야기할 필요를 느끼지 못하거나 이야기해 온 경험이 드물어서일 것이다. 더 잔혹한 진실은 책 만드는 사람들의 이야기는 물론이거니와 책의 메커니즘과 출판 생태계 자체를 한국 사회가 그다지 궁금해하지 않는다는 것이다. 아울러 내가 만난 선수들은 하나같이 책 만드는 일에는 열과 성을 다할지언정 그런 자신을 설명하는 데는 소극적이다. 무대 전면에 나서는 일이 익숙하지 않을 뿐만 아니라 무대 위에 올라 발언하는 것은 에디터 본연의 역할이 아니라고 생각하기 때문이다. 무대 위에 올라 자신이 만든 책과 저자를 직접 이야기하거나 논평하는 에디터는 극히 소수이며, 이들은 때때로 창작자를 겸한다.

시대는 변한다. 단절이 상수였던 오프라인 사회에서는 스포트라이트를 받는 배우들이 주목받았다. 그러나 언제 어디서나 누구와도 연결되는 디지털 초연결 사회에선 '무대를 만들어 배우를 세우고 관객을 불러들이는 일'을 하는 사람도 관심의 대상이 된다. 나와 비슷한 사람, 익숙한 이웃에게서 남다름을 발견할 때 오히려 환호한다. 2018년 8월 29일부터 tvN에서 방영 중인 〈유 퀴즈 온 더 블록You Quiz On The Block〉 프로그램을 남다르게 생각하는 이유다. 국민 MC 유재석과 주연보다 조연에 적합한 개그맨 조세호가 일만 시민들의 일상으로 들어가 그들의 인생 이야기를 경청하고 그들 삶과 유사한 범주에서 퀴즈를 내는 프로그램. 답을 맞히면 100만 원의 상금을, 못 맞히거나 퀴즈를 거부하면 웃음과 재미를 유발하는 굿즈를 수여한다. 방영 초기부터 소박하고 친숙한 우리 이웃의 일과 삶에 집중하는 방식이 좋았고, 집중해서 질문한 뒤 답하는 이의 말을 끊지 않는 인터뷰 방식은 방송가에서 보기 드문 미덕으로 보였다. 이 프로그램이야말로 내가 줄곧 얘기하는 '편집의 눈'과 닮았다. 사람들이 집중하지 않는 것에서 대수롭지 않다고 여기는 방식으로 새롭고 낯선 이야기를 만드는 힘, 이것이 인간적 창조creation의 본질이 아닐까?

나름 공을 들였던 편집 매뉴얼 원고는 연구소의 중요 사업에 밀리며 결국 책이 되지 못했다. 매뉴얼 한 권 제대로 만들지 못하는 편집장 자리에 대해 오랫동안 자괴감을 버리기 어려웠는데, 과거를 답습하지 않으려 애썼던 원고가 오히려 과거의 프레임에 갇혀 있었다는 아이러니를 지금 이 글을 쓰면서 알아차린다. 기존 매뉴얼 그 이상도 이하도 아닌 정보를 구성하는 데 목맸던 것이다. 시대가 변하면 매뉴얼도 달라져야 한다. 초연결 시대에 우리에게 정말로 필요한 매뉴얼은 어떤 내용과 형태여야 할까? 온라인에 접속하면 누구라도 취할 수 있는 정보가 아닌, 이를테면 경험과 관록에 의해 걸러진 직업적 통찰만이 진정한 매뉴얼로 전수되어야 하는 것은 아닐까?

예측하건대 미래의 편집은 매뉴얼이 필요 없는, 매뉴얼을 따르지 않는 형태로 진화할 것 같다. 출판 편집 프로세스에 관한 한 가능한 모든 것이 정보화되어 공유될 것이고, 0과 1로 변환될 수 없는 이야기와 느낌과 통찰만이 남아서 입에서 입으로, 손에서 손으로, 마음에서 마음으로 전달될 것이다. 모든 일의 정수는 이런 형태로 전달될 수밖에 없으며 사람이 곧 매뉴얼인 출판업은 더할 것이다. 눈 밝은 에디터라면 이미 기계와 로봇이 수행할 수 없는 영역에 심혈을 기울이고 있을 것이며, 시대를 읽을 줄 아는 발행인이라면 이런 에디터가 사업의 기초 자산임을 알고 사람에게 공을 들이고 있을 것이다.

일에는 배울 수 있는 영역과 배울 수 없는 영역이 있다. 기술은 배울 수 있지만 애초에 편집자에게 필요한 기술은 거의 없다. 그러니 책은 만들고 싶은 대로 자유롭게 만들면 된다.[11]

책이 되지 못한 편집 매뉴얼 원고는 지금 내 외장 하드에 고이 저장돼 있다. 파일을 불러와 열어보니 A4 도큐먼트 129쪽, 13만 1300자에 달한다. 그중 편집, 편집자, 원고의 '개념'을 정리한 내용 외에 나머지 90퍼센트의 글은 앞으로 출판 기술과 편집 도구가 진화함에 따라 자연스레 도태되고 사라질 것 같다. 활판술에 기초한 편집법이 그러했듯이 말이다.

도서 편집을 하고 있거나 시작하려는 사람들에게 가장 긴요한 문제는 책을 어떻게 만들 것인지에 앞서 왜 만들고자 하는지, 무엇을 만들고자 하는지를 자기 방식대로 정립하는 일이라고 본다. 책을 만드는 이유가 분명하고 하다못해 생계를 위해서라도 만들고 싶은 아이템이 끊이지 않는다면, 업계를 떠나지 않는 이상 배움에 가속도가 붙는다. 기계가 인간의 창의적인 일을 거의 모두 대체하는 시대에 기계가 결코 할 수 없는 일이 무엇인지, 기계의 도움을 받아 더 업그레이드할 수 있는 방편은 무엇인지를 궁리하는 편이 윗길이다. 한글 맞춤법이나 외래어 표기, 편집 디자인 등은 기술 덕분에 더 수월해지고 정교해질 것이다. 하지만 에디터의 '눈'은 기계가 대체할 수 없다. 잠재력 있는 저자와 콘텐츠를 발굴하고 시장을 상상하는 일은 데이터에 포섭되지 않는 에디터 자신만의 지식과 경험, 감성과 직관이 동시다발로 작동하는 복잡한 영역이기 때문이다.

　　때때로 상상해 본다. 이 세상에 편집이 없다면 어떻게 될까? 타격을 입는 쪽은 자연이 아니라 인류일 것 같다. 세상의 모든 뉴스가 뒤죽박죽되어 제대로 연결되거나 전달되지 않아 '우리'라는 공통감각이 사라질 테다. 일목요연하게 서술된 책도, 잘 짜여 흥미진진한 영화와 게임도 더는 찾아보기 힘들 것이다. 실용적으로 잘 선별된 큐레이팅의 세계도, 나의 무의식적 필요에 부응하는 알고리즘의 세계도 연기처럼 증발하고 만다. 모든 것이 다 중요하거나 다 중요하지 않아서 어떤 선택도 할 수 없다. 무엇을 입어야 할지, 무엇을 먹어야 할지, 누구를 만나고 어디를 어떻게 가야 할지, 하루 종일 갈팡질팡 좌충우돌하는 세상이 펼쳐질 것이다.

편집은 이런 무질서한 세상에 일종의 방점을 찍는 일이다. 언어적 질서를 세움으로써 세상에 의미와 가치를 부여하는 인간만의 일이다. 자연의 도道에 섞여 무無로 돌아가지 않는 이상 인간은 활자화된 의미, 편집된 가치들을 계속 먹어 치우며 살아갈 수밖에 없다. 그것이 뇌와 의식 그리고 언어를 가진 인간의 운명이다.

어떤 것이 작동하는 방식에 관심이 있다면 그것이 작동하지 않을 경우, 혹은 부분적으로만 작동할 경우 어떻게 되는지 알아보는 것이 아주 좋은 방법입니다.[12]

## 의사소통이 의사결정이다

편집은 지식과 정보의 커뮤니케이션 과정으로서 의사결정의 연속체라 할 수 있다. 아울러 의사결정권은 편집장이나 발행인만의 권한이 아니다. 원고 한 편을 두고도 기획, 편집, 디자인, 제작, 마케팅에 이르기까지 직무별 주체마다 서로 다른 견해가 존재한다. 수습 편집자부터 일반 편집자, 책임 편집자, 편집장, 발행인에 이르기까지 직급별로 수행하는 작업과 행사하는 결정권이 다르다. 감당하는 몫이 다를 뿐 각자의 자리에서 각자 내야 할 목소리를 내고 결정해야 할 것을 결정해야 한 권의 책이 탄생한다. 이렇게 어렵사리 탄생한 책이 서점과 도서관 등을 거쳐 독자의 손에 당도하는 데도 여러 사람의 지난한 의사소통과 의사결정이 개입한다.

그러나 모든 일에는 구심점이 있기 마련이다. 편집에 관한 한 구심점은 담당 에디터다. 직급과 경력은 별개의 문제다. 담당 에디터는 저자가 막 탈고한 원고를 최초로 읽는 독자이자 최초로 품평하는 비평가로서 책의 구조와 형태를 설계하는 한편, 출판사 내외부에 책의 존재를 알리는 홍보 마케터 역할을 겸한다. 담당 에디터는 출판 공정에 참여하는 동료 에디터, 디자이너, 마케터, 발행인, 인쇄업자, 서점인 들에게 저자와 원고에 대한 '첫인상'을 심어 주는 사람이기에 여러 얼굴로 활약할 준비가 돼 있어야 한다. 무엇보다 에디터는 각기

다른 악기를 연주하는 사람들을 한데 모아 조화로운 협주를 이뤄내는 지휘자로서 그들과 소통할 수 있는 최소한의 악보를 마련해야 한다.

최소한의 악보란 바로 원고의 핵심을 '심플하게' 전달하는 능력이다. 저자가 오랜 기간 집필한 고도의 세계를 한두 문장 또는 한두 페이지로 압축하여 대중에게 전달하는 능력, 필요하다면 한두 시간 이상 말로써 풀어내고 설득하는 스토리텔링 능력을 갖춰야 한다.[13] 전문가의 언어를 대중의 언어로 바꾸는 작업은 그 반대 작업만큼이나 녹록지 않다. 이 능력은 어느 날 갑자기 하늘에서 떨어지거나 땅에서 솟지 않는다. 차근차근 읽고 질문하며 저자와 독자에 대해 숙고한 시간만이 에디터 내면에 힘을 형성하고, 그렇게 결집한 힘이 외부로 표출되어 나온다. 저자만 추종해서도 곤란하다. 독자와 시장을 사랑해야 한다. 자신이 귀하게 여기는 가치를 남들도 받아들이게 하려면 그들의 언어로 설득할 준비가 돼 있어야 한다. 이런 노력을 기울이는 에디터가 의사소통과 의사결정의 연속인 출판 공정에서 구심점 역할을 감당할 수 있다.

## 소통하되 결정하라

나는 다수의 사람을 동시다발로 만나는 일을 불편해하면서도 저자, 번역자, 독자, 디자이너, 제작자, 마케터, 서점인 등과 소통하는 일은 즐기는 편이다. 이들이 자신만의 관점과 감각과 경험치로 내가 담당하는 책에 색과 형태를 입히고 날개를 달아 줄 때면 환희를 느낀다. 모두의 합심과 협업으로 하나의 관념이 책이라는 사물로 뚜렷하게 변화해 가는 과정이 신비로워 이 일을 평생 경험하며 사는 것도 나쁘지 않겠다고 여기게됐다. 내 의사를 무시하고 결정권을 가져가는 저자나 상사나발행인을 만나 에디터의 삶에 회의감이 든 적도 있지만, 그들은 그들 상황과 위치에서 나름의 의사결정을 행한 것이리라. 이런 상대화가 가능한 것도 에디터로 살았기 때문일 터.

어떤 직급에서 어떤 직무를 수행하더라도 내가 마치 최종 의사결정권자라고 생각하고 전체를 가늠하는 자세로 일하게 된 것은 처음 팀장이 된 때였다. 자음과모음 출판사에서 팀원 네 사람과 한 달에 신간 네다섯 종을 밀어내는 한편, 인문학 총서와 교양문고 기획까지 진행하던 시절이었다. 순수문학과 청소년 도서 위주로 출판하던 자음과모음이 설립 10주년을 맞아 인문교양, 경제경영, 장르문학, 전자책 등으로 영역을 넓히고 확장하던 시기라서 팀별로 요구되는 성과가 간단치 않았다. 인문팀은 이제 막 시작하는 단계라 판을 짜는 일이 중요했는데, 당시 나는 경기도의 한 예술고등학교에서 5년여간 시 창작법을 강의하다 출판계로 막 돌아온 참이어서 종합출판사의 인문 출판 지형을 치밀하게 그릴 만한 경력이 보증

되는 사람이 아니었다. 그러나 나 개인으로 볼 때는 체력이나 지력이 한창이었고 직관과 감성으로 일을 밀어붙이는 힘도 있었다. 그래서 가능했겠지만, 한국 인문학의 새 지형도를 그리겠다는 불가능한 욕망을 품었다.

어느 날이었다. 인문팀이 진행하는 일을 대체로 순순히 승인해 주시던 사장님이 신간 표지 디자인을 놓고 계속 퇴짜를 놓았다. 표지 시안이 한 번에 통과되는 일이 거의 없었고, 무엇이 탐탁지 않은지 어떻게 개선하면 좋겠는지 친절한 설명 없이 '다시 해와!'를 반복하셨다. 표지 시안이 여러 차례 반려되면 그만큼 출간 일정에 차질이 생겼다. 부서별로 할당된 출간 종수를 채우지 못하면 회의 석상에서 깨지는 건 팀장인 나였다. 팀원이 담당하는 책이라 해도 결국 그 책의 표지 시안을 들고 사장실에 들어가 결재를 받아 내야 하는 사람도 나였다. 며칠 머리를 싸맸다. 무엇이 문제지? 어떻게 하면 좋을까? 일은 밀리는데 시간은 없고, 상사는 까다롭고, 담당 에디터와 디자이너는 지쳤다……. 그때 마침 사장실로 표지 시안을 여러 종 들고 결재받으러 들어가는 또 다른 팀장을 보았다. 순간, 깨달음이 해일처럼 밀려왔다. '아, 우리의 최종 결정 권자가 지금 수많은 의사결정 문제들에 둘러싸여 무엇도 제대로 결정할 수 없는 상태로구나! 회의에 출장에 미팅에 영업에 잠잘 시간도 없구나!'

이후로 나는 상사와 경영진은 무조건 바쁜 사람들이라 규정하고 그들의 의사결정 과정을 줄일 만한 묘수를 찾는 데 집중했다. 결재를 잘 받아 내기 위해 상사나 대표의 일정과 컨디션까지 꼼꼼히 확인하는 버릇은 이때부터 들인 것 같다. 사장 결재 전에 마치 내가 최종 의사결정권자인 양 표지 시안을 검토하고 디렉팅하는 과정도 추가했다. 나의 의사결정 위치를 바꾸니 달리 보이는 것이 있었다. 생각했던 것보다 내가 안일하게 일하고 있었다는 사실도 자각했다. '내 선에서 용납되지 않는 결과물은 위로도 올리지 않는다!' 이렇게 마음먹고 편집 회의를 주도하기도 했다. 원고의 장단점이 무엇인지, 어떤 매력을 강조해야 물성이 눈에 띨지 의논하고 토론했다.

무엇보다 선택지를 좁히는 데 총력을 다했다. 그래야 의사결정이 수월해질 터. 유사한 디자인을 붕어빵 찍듯 여러 개 만들지 말고 서로 다른 성격의 표지 시안을 두세 개만 만들어 보자고 권유했다. 제목 중심으로 레터링을 강조한 시안만 있다면 사진이나 그림 등 오브제를 활용한 시안을 추가했다. 흰색 바탕의 표지가 다수라면 과감한 색감으로 분위기를 압도하는 시안을 제안하기도 했다. 원고 성격에 부합하고 제목을 잘 살리면서 누가 봐도 참신하게 느끼는 표지가 무엇일지, 머리와 손이 바쁜 디자이너를 위해 에디터들이 보조할 일은 무엇인지, 나와 담당 에디터와 디자이너 세 사람이 머리를 맞대고 방향을 잡아 나갔다.

　그렇게 실무자 선에서 최선을 다해 '소통하고 결정한' 시안을 들고 사장실에 들어가자 기대하던 일이 벌어졌다. 디자인에 관한 한 유독 까탈스러운 경영진이었는데 어느 순간부터 결재가 수월해졌다. 일례로 워크룸프레스의 김형진 대표가 디자인한 '하이브리드 총서' 표지는 단번에 결정됐다. 시리즈물이라 멀리 내다보고 결정해야 할 요소가 많았는데도 경영진은 한 번에 'OK'를 주었다. 디자이너와 에디터가 내심 찜해 둔 시안을 최종 의사결정권자가 단번에 결정할 때의 희열이란! 하이브리드 총서 디자인은 에디터의 구조적 사고 과정을 디자이너가 직접 수행한 몇 안 되는 작품이었고, 이 작업을 통해 나는 출판 편집에서 차지하는 디자인적 사고와 가성비를 고려한 물성의 중요성을 제대로 인식하게 됐다. 아울러 창의적인 협업자에겐 일다운 일을 의뢰한 뒤 그저 맡겨 두는 편이 윗길임을 항상 유념하고 있다.

## 협업의 출발점으로서의 기획안

뉴아카이브 총서와 하이브리드 총서를 만들면서 나는 기획 및 편집 총괄자로서 편집 단계마다 작업물의 완성도를 가늠하고 결정하는 일이 중요하다는 걸 체득했다. 아울러 인문팀의 업무 프로세스를 정비하는 한편 자음과모음의 인문 출판 지형을 설계해 출판사 브랜딩에 기여하겠다는 나름의 목표를 세웠다. 매출에 기여하는 베스트셀러가 없다 해도 우리가 최선을 다해 '소통하고 결정한' 책이 출판사의 격을 높이고 품을 키워 계속 좋은 책을 출간하는 기회가 되기를 바랐다.

당시 자음과모음에서 오랜 기간 자본과 인력을 투자해 발간하던 계간 문예지 《자음과모음》은 내 눈에 보물창고로 보였다. 연재를 완료한 원고들이 아직 단행본으로 묶이지 않은 채 쌓여 있었고 연재 중인 원고도 다수였다. 무엇보다 타 문예지와 다르게 〈인문편〉에 실리는 젊은 인문학자들의 주제 감각과 원고 밀도가 상당했다. 섭외된 필자들도 학위를 막 마친 감각적이고 능력 있는 신진 학자들이어서 무언가 일을 벌이기에 최적이라 느껴졌다. 〈인문편〉을 기획 구성하고 필자들을 발굴한 복도훈, 최정우, 정여울 편집위원과 주기적으로 만나 총서의 밑그림을 그려 나갔다. 이들은 문학에서 출발했으나 철학, 미학, 역사, 문화, 예술, 과학 등에 두루 조예가 깊었다. 이론과 실천, 이념과 감각을 가로지르며 우리가 알고 있는 지적·미적 세계를 새롭게 교배하고 착종하는 일에 일가견이 있었다. '하이브리드hybrid'라는 제목이 탄생한 연유다.

무엇보다 우리는 X세대로서 시대와 시대를 잇는 브리지bridge 감각이 같았다. 우리가 기획하는 인문학 총서가 독자들로 하여금 인문학 본연의 사유하고 통찰하는 힘뿐만 아니라 느끼고 상상하는 힘까지 촉발하기를 바랐다. 그리하여 '경계 간 글쓰기, 분과 간 학문하기, 한국 인문학의 새 지형도'라는 캐치프레이즈를 내걸었다. 그들과의 작업을 매주 문서로 정리해 경영진에 보고하고 경영진의 피드백을 다시 편집위원들과 공유하기를 반복하다 보니 총서 두 종이 윤곽을 드러냈다. 정통 학술서의 기조와 방법론을 존중하되 새로운 사유를 담은 '뉴아카이브 총서', 신진 학자들의 개성적인 문체와 스타일로 기존에 없던 문제의식을 보여 주는 '하이브리드 총서'가 그 주인공이다.

하이브리드 총서 기획안은 지금의 눈으로 보면 다소 허술하다. 그런데 당시에는 총서의 윤곽을 A4 한 장에 압축하고 표로 정리한 나름의 의도가 있었다. 이렇게 해야 실무진과 소통하기 편하기 때문이다. 실무 현장에서 노동량과 일정에 쫓기는 사람에게는 장광설을 늘어놓은 여러 장의 기획안보다 잘 정리된 개념도 한 장, 핵심 단어 몇 개가 오히려 작업하는 데 도움이 된다. 각자가 채워 넣어야 할 상상의 영역을 침범하지 않으면서 너무 멀리까지 달아나지는 않도록 적당히 잡아 두는 가두리 역할 정도. 이런 방식으로 기획 초안을 잡자 원고 검토서나 디자인 제안서도 A4 한 장에 압축해 정리하는 일이 습관화됐다. 그리고 몇 년 후 '강력하고 간결한 한 장의 기획서The one page proposal'[14]가 직장인들에게 크게 유행하는 것을 목

# 하이브리드 총서 기획안

| | |
|---|---|
| 캐치프레이즈 | 경계 간 글쓰기, 분과 간 학문하기, 한국 인문학의 새 지형도 |
| 내용 | 인문사회과학적 사유를 기반으로 한 경계 간 글쓰기+분과 간 학문하기(통섭)를 통해 인문학의 새 지형도를 그린다. 신서新書 개념의 시리즈물로 사회적 이슈나 논쟁이 될 만한 주제를 다룬다. 인문학의 새로운 면모 혹은 흐름을 보여 주는 참신한 저작을 발굴, 소개한다. |
| 기획위원 | 계간 《자음과모음》 편집위원 |
| 필진 | 국내 신진 소장학자 중심 |
| 분량 | 1000매 내외(300쪽 내외) |
| 형태 | 시리즈 / 종수 제한 없음 / 판형 同 / 디자인 他 / 로고 有<br>판형 140*215 소프트 |
| 타깃 | 기본: 대학생 및 화이트칼라를 포함한 인문학 입문자, 교양인문학 독자<br>확대: 논술을 준비하는 중고등학생, 인문사회과학 연구자 |
| 론칭 | 2010년 11~12월 1차분 5종 론칭<br>2011년 1~2월 2차분 5종 / 3차부터는 낱권별 |

도하게 된다. 일이란 의사소통의 과정이자 의사결정의 연속으로 누구라도 이 과정을 줄이고 단순화해 효율을 높이려는 니즈가 강력하다는 것을 확인한 셈이다.

다만 의사결정을 위해 모인 여러 사람 앞에서 원 페이지 기획서를 놓고 그것의 바탕이 되는 기획 취지와 실행 과정, 예상되는 비용과 수익, 전망하는 비전을 한두 시간 이상 (데이터에 기반해) '썰'로 풀어내는 능력도 엄연히 에디터에게 요구되는 능력이다. 나는 이를 위해 별도로 '기획 취지'를 써보곤

한다. 왜 이 책을 내야 하는지, 이 책이 출간되면 독자와 출판 시장에 어떤 유익이 있는지, 에디터 스스로 글로써 정리하는 과정을 거쳐야 출판사 임직원들을 설득하는 일이 조금은 수월해진다. 평소에 질문하는 습관, 집요한 문답법을 통해 사고를 발전시키는 습관을 들인 에디터라면 기획 취지를 글로 충분히 풀어 낼 수 있을 것이다. 자기 내부에 오랫동안 똬리 튼 질문을 그저 외부에 꺼내 보이는 일일 테니 말이다. 자신이 어떤 책을 만들고 싶고 왜 만들고 싶은지를 말과 글과 숫자로 수월하게 설명할 줄 아는 에디터가 흔하지는 않지만, 기어코 돌이라도 던지는 에디터의 '취지'가 사내 임직원과 학계와 언론과 시장과 독자를 흔드는 법이다.

### ○○○문고 기획 취지

지난 20세기를 '이성'과 '기술'의 시대로 요약할 수 있다면, 21세기는 과연 어떤 시대로 지칭할 수 있을까. 쉽지 않아 보이지만 한 가지 분명한 것은 21세기가 '이성과 기술을 뛰어넘는 시대'여야 한다는 점이다. 중국《당서》에서 유래한 '물극필반物極必反'의 뜻을 굳이 되새겨보지 않더라도, 20세기에 이룩한 기술문명은 오늘날 최대치에 이르러 그 반전을 꾀하고 있다. 누구나 쉽게 이해하고 직관적으로 사용할 수 있도록 사용자 중심의 인터페이스를 구축한 컴퓨터 회사 애플의 대대적인 성공이 그 실례다. 기술을 위한 기술이 아닌 사람을 위한 기술을 지향하며 기술과 인문학의 연결 고리, 교차로를 모색하는 이 회사는 21세기형 기업의 대표 주자다.

오늘날 한국 출판 시장에서 인문학人文學이 부흥하고 있는 양상은 실로 다양한 요인이 접목된 결과겠지만, 중요한 것은 인문학이 '상아탑'에서 '시장'으로 걸어 나오고 있다는 사실이다. 인문학의 수요가, 인문학을 원하는 사용자가 그만큼 확대되었고, 그만큼 인문적 질문과 대답이 절실해졌다는 것이다. 인문학은 실용 학문이 아니고 20세기 내내 과학의 뒷전에서 제대로 조명받지 못했는데 어떻게 이 같은 현상이 가능할까? 물질적 풍요와 정신적 풍요의 불일치, 빈부격차로 인한 분배의 문제, 이념과 문명의 갈등으로 인한 동서 화합의 문제, 에너지 고갈과 환경 파괴 문제 등 20세기 기술문명이 남긴 문제들이 한꺼번에 부상하면서 사람살이에 대한 근본적인 질문이 터져 나오기 때문은 아닐까?

인문학의 본령이라 할 사유하고 통찰하는 힘을 기본으로 하되 느끼고 상상하는 힘까지 길러 주는, 20세기와 21세기가 평화롭게 공존하는 지식의 요람, 학문의 전당을 꿈꾸는 일은 과연 요원한 일일까? ○○○문고는 이런 질문에서 시작한다. 동서라는 공간차와 고금이라는 시간차를 뛰어넘어 인간과 세계에 유용한 모든 콘텐츠의 파편을 ○○○처럼 둥그런 원 안에

짜임새 있게 모으되, 크기와 부피를 줄이려 한다. 두껍고 어렵고 난해한 고전 인문서를 무작정 강요하기보다는 좀 더 쉽게 접근하는 길을 터 주려는 것이다. 내용을 압축하고 번안하기보다는 전체를 대변할 만한 예각銳角을 소개함으로써 전체를 가리키는 '손가락'이 되려 한다. ○○○문고는 궁극적으로 이런 손가락들의 조합Combine을 출판사가 아닌 독자들의 몫으로 남겨 둠으로써 열린 편집을 지향한다. (후략)

위 글은 교양문고 기획안의 일부다. 나는 정통 학술서(뉴아카이브 총서)와 신서(하이브리드 총서) 두 시리즈를 인문팀의 핵심 기둥으로 세운 뒤, 그 주변을 둥그렇게 감싸는 교양문고 또한 차근차근 준비해 나갔다. 복도훈 기획위원과 함께 로베스피에르, 니체, 벤야민, 노발리스, 칸트, 캄파넬라, 고진, 라캉, 뒤링, 링컨, 굴원, 육기, 사마천, 신채호, 조광조, 황지우 등 동서양의 뛰어난 사상가와 작가가 남긴 저작, 논문, 편지, 선언문, 팸플릿 등 통칭 '인구에 회자되는 문건들'을 발굴해 누구라도 손쉽게 접하고 읽을 기회를 만들고자 했다. 주저主著 뒤에 가려진 소박한 아티클이 주저만큼이나 주목받는 시대는 생각만 해도 흥분됐다. 이를 위해 종이책뿐만 아니라 주문형(POD·Publish On Demand) 전자책을 만들어 독자마다 원하는 주제와 형태로 전자 문서를 배합해 판매하는 시스템도 상상하곤 했다.

　다만 안타깝게도 이 프로젝트는 빛을 보지 못했다. 리스트를 확정하고 전공자를 매칭한 뒤 예산안까지 승인받았지만, 프로젝트 총괄자인 내가 건강상의 문제로 중도 하차하면서 후속 편집 작업이 중단됐다. 이 일을 계기로 에디터에겐 건강도 실력의 일부라는 걸 깨달았다. 끝내 실현하지 못한, 그래서 실패라는 이름이 붙은 기획안을 굳이 내보이는 이유는 하나다. 이런 실패의 문건들이 빙산의 뿌리를 이뤄 지금 우리가 별생각 없이 습관적으로 넘기는 책 한 권 한 권이 탄생함을 말하기 위해서다.

　좋은 기획은 독자를 성큼성큼 앞질러 가는 것이 아니라 단지 반 발짝 앞서서 동행하듯 리드하는 법이라고 선배들이 귀가 닳도록 강조한 이야기가 생각난다. 내가 좀 더 버텼더라면, 내가 좀 더 강건해서 프로젝트를 끝까지 감당할 수 있었더라면 '반 발짝 앞서는 감각'을 제대로 발휘할 수 있었을까? 지금 와서 이런 생각을 하는 건 무용한 일인지도 모른다. 결과적으로 물화되지 못한 기획은 의사소통과 의사결정에 실패한 프로젝트가 되니까. 책이 되지 못한 원고들을 생각하면 여전히 마음이 쓰리다. 미완성, 불가능, 잠재태…… 이런 말로 뭉뚱그릴 수밖에 없는 어떤 시절의 냄새가 사무친다. 판을 짠 뒤 사람들을 불러 모아 신명 나게 일을 벌이는 것도, 판이 깨지면

사람들이 뿔뿔이 흩어지는 종막을 감내하는 것도 에디터의
숙명이다.

잘 쓴 글은 멋스러워 보이지만 내면을 자극하지 못한다. 반면
훌륭한 글은 가슴을 뛰게 한다. 감각적인 기획은 사람의 시선
을 일시적으로 붙잡는 매력이 있다. 그러나 훌륭한 기획은 오
래 사람의 마음을 움직인다. 그 차이는 어디에서 오는가? 훌륭
한 글과 기획은 공통적으로 위대한 품성을 가지고 있다. 기획
의 위대한 품성은 어떻게 만들어지는가? 기획의 취지와 배경,
의도는 기획의 품성이다. 그 품성을 위대한 것으로 키워라.[15]

## 포지셔닝의 비밀

일찍이 책의 우주를 상상한 사람이 있다. 그에게 책의 우주란
부정수 혹은 무한수의 육각형 진열실로 구성된 곳이다. 각 진
열실에는 두 면을 제외한 네 면에 다섯 개씩 모두 스무 개의
책장이 층고 높이로 들어서 있고, 책장이 놓여 있지 않은 두
면 중 하나는 서서 잠을 자는 방과 용변을 보는 곳을 양편에
둔 현관과 맞닿아 있다. 현관에는 나선형 계단이 아득하게 위
아래로 치솟거나 내려가 있고, 이 모든 모습을 복제하는 거울
하나가 걸려 있다. 육각형 진열실의 벽마다 놓여 있는 다섯 개

의 책장에는 똑같은 모형으로 된 책이 서른두 권씩 꽂혀 있다. 각 책은 410페이지, 각 페이지는 40줄, 각 줄은 흑색 활자로 찍힌 80여 개 글자로 구성된다. 글자들, 즉 알파벳 철자의 수는 쉼표와 마침표와 띄어쓰기를 포함해 모두 스물다섯 개다. 동일한 원소와 구조와 형태로 이루어진 책들로 빼곡한 세상, 그러나 똑같은 내용의 책은 어디에도 없다. 여기서 태어난 사람은 일평생 책의 미로를 헤매다 죽음을 맞이하는데, 사람들의 손에 의해 난간 너머로 밀쳐져 높이와 깊이를 헤아릴 수 없는 곳으로 추락한다. 시작도 끝도 없는 곳이라서 그의 몸뚱이는 끝없이 가라앉는 가운데 부식하다가 공중의 바람에 용해되어 흩어진다. 공기가 곧 그의 무덤 자리다. 이곳은 어디일까? 바로 바벨의 도서관, 세상의 모든 책을 소장하고 있는 곳이다. '나머지 모든 책의 암호임과 동시에 그것들에 대한 완전한 해석인 책'도 존재한다. 그 책을 훑어본 사서는 신과 유사해졌다는 이야기가 전해진다. 그를 숭배하는 사람들이 그를 찾아 순례를 떠났으나 동어반복적인 육각형의 세상에서 그이가 머물던 고귀한 육각형을 찾아낸 사람은 단 한 사람도 없다. 무한한 세계에서 영원한 순례자가 주기적으로 반복되는 책의 세상을 주기적으로 지나갈 뿐. 다만 바벨의 도서관에는 몇 세기 후 이 무질서 속을 가로질러 갈, 그래서 언제 만날지 기약할 수 없는 순례자를 설레는 가슴으로 기다리는 '자'가 있다.

위 이야기는 아르헨티나의 대문호 호르헤 루이스 보르헤스의 단편소설 〈바벨의 도서관〉을 재구성한 것이다. 보르헤스는 책이라는 우주에 대해 고독하고 무한하고 부동적이며 쓸모없다고 규정하며 '바벨의 도서관'이라는 이름을 붙였다. 바벨은 하늘의 문, 신의 문이라는 뜻으로 구약성경 창세기에 등장하는 지명이자 실제 고대 바빌로니아, 현 이라크에 존재했던 도시다. 성읍을 세우고 꼭대기가 하늘까지 닿는 바벨탑을 쌓아 이름을 날리려던 인간들의 계획은 신의 노여움을 샀는데, 신은 바벨탑을 직접 쓰러뜨리는 대신에 인간이 사용하던 하나의 언어를 온 땅의 말과 뒤섞어 버림으로써 서로 말이 통하지 않게 만든다. 결국 불통하고 반목하게 된 인간들이 공들여 쌓은 탑을 스스로 무너뜨리고 온 땅으로 샅샅이 흩어지고 만다. 지금의 오대양 육대주에 뿔뿔이 흩어져 살아가는 인류처럼.

이 바벨탑 이야기에서 신이 자신에게 대적하는 인간에게 탑 자체보다 '공통된 하나의 언어(=신의 언어)'를 허락하지 않는 대목은 말과 글로서 하나의 세계를 창조하려는 사람에게 무한한 영감과 함께 냉혹한 한계를 일깨운다. '말과 글의 힘(=신의 창조력)'을 각성하여 그것을 사용하려는 인간은 그만한 대가를 치러야 한다는 듯.[16] 보르헤스는 이를 정확하게 꿰뚫어 봤다. 이 소설에서 '나머지 모든 책의 암호임과 동시에 그것들에 대한 완전한 해석인 책'을 훑어본 사서는 누구도

만난 적이 없고 누구에게도 발견되면 안 된다. 부재함으로써
존재하는 '신의 언어'를 상징하는 유일한 인간이기 때문이다.

## 머릿속 도서관을 설계하는 법

보르헤스의 〈바벨의 도서관〉은 모든 뛰어난 고전이 그러하듯
단숨에 이해하기는 어려우나 정서적으로 압도하는 아우라가
상당하다. 이 소설을 처음 읽고 경악했던 대학 시절이 떠오른
다. 당시 나는 학비를 보태기 위해 학내 중앙도서관에서 일했
는데 도서관에서 도서관을 소재로 한 희한한 소설을 접하고
는 오랫동안 이 소설의 아우라에 사로잡혀 있었다. 불교 재단
이 세운 학교에 다녔던 터라 지하 서고에는 오래된 불경과 고
서가 가득했다. 출입이 제한된 지하 서고를 오가며 학우들의
대출 도서를 찾아다 주는 것이 내 일이었다. 신청 도서를 찾아
서고로 내려갈 때면 오래 묵은 한기에 소름이 돋곤 했는데,
〈바벨의 도서관〉을 읽은 뒤로는 '나머지 모든 책의 암호임과
동시에 그것들에 대한 완전한 해석인 책'을 찾는 재미에 들렸
다. 인적 없는 서가를 오가다 보면 현실과 환상이 뒤섞이며 내
가 서 있는 곳이 육각형의 우주로 끝도 없이 확장되는 느낌에
사로잡혔고, 누구도 침범하지 않는 태풍의 눈과도 같은 고요
한 곳으로 성큼 들어선 것만 같았다. 거기서 나는 바벨의 도서
관을 지키는 사서를 만날 꿈에 부풀었다.

한번은 어떤 기업체의 서고를 정리한 날도 있었다. 경기도 용인에 소재한 삼성 계열사에서 근무하던 선배가 사내 서고를 정리해 줄 사람을 찾았는데 당시 도서관 아르바이트를 하던 내가 연결됐다. 대기업 계열사의 서고 상태는 예상보다 심각했다. 창고처럼 방치된 서고에는 서적과 잡지가 마구잡이로 쌓여 있었고 분류는커녕 라벨조차 제대로 붙어 있지 않아 단순 정리 이상의 일이 될 터였다. 한숨이 나왔지만 어쩔 도리가 없었다. 한 권 한 권 ISBN과 ISSN 숫자에 담긴 분야와 주제별 정보를 파악하면서 책등 하단에 견출지를 붙여 분류하고, 이용자의 동선을 고려하면서 십진분류법에 따라 서가를 재배열한 뒤, 최종적으로 책을 꽂아 넣었다. 며칠 후 친구들 몇을 더 데리고 가서야 서가 정리는 끝났다. 큰 기대가 없어 보였던 선배는 우리의 '다소 전문적인' 작업 결과를 보고는 매우 흡족해하며 두둑한 봉투를 건넸다.

편집의 속성을 궁리할 때면 대학 시절의 도서관 아르바이트가 직관적으로 떠오른다. 돈이 필요해 시작한 일인데 의외로 내가 무질서하게 흐트러진 정보나 사물에 질서를 부여하는 일에서 즐거움을 느끼는 사람임을 알게 된 것이다. 이 경험은 훗날 새로운 기획을 위해 수많은 자료 더미를 헤맬 때 큰 도움이 됐다. 원하는 자료를 찾고자 최적의 동선을 탐색한다거나 몸을 써서 어떤 공간을 질서정연하게 만들어 본 경험은 비물리적인 공간, 이를테면 머릿속에서도 위력을 발휘한다.

　가령 오래 찾아 헤매던 A라는 문건을 인터넷에서 발견했다고 치자. 머릿속에서 A 문건이 어떤 시대와 지역에 속하는지 위상학적으로 탐색하는 동시에 지적 세계에서 A가 차지하는 곳의 좌표를 찍기 시작한다. 일단 이 좌표를 시작으로 원점이 생기면 그것을 기준으로 A′, A″, A‴…라는 유사점에 의한 종 계열 또는 B, C, D…라는 차이점에 의한 횡 계열로 문서의 위치 짓기positioning가 수월해진다. 이런 방식으로 지식이 범주화되면, 설령 빈틈이 많을지라도 머릿속이 거대한 도서관으로 바뀐다. 나만 아는 서가에 나만 아는 통로로 들어가면 원하는 정보가 놓여 있다. 한편으론 머릿속에서 정보와 정보가 새롭게 연결되며 완전히 낯선 지적 네트워크를 형성하기도 한다. 또 다른 지식의 위계가 형성되는 것이다. 이렇게 입체적으로 형성된 지식의 3D 도면이 머릿속에 들어 있는 사람은 굳이 모든 지식을 알지 않아도 된다. 어디를 어떻게 찾아가야 하는지 요령이 있어, 원하는 정보를 고구마 줄기 캐듯 가져올 수 있기 때문이다.

　편집은 지식의 위상학이자 공간학의 정점에 있는 분야다. 지식을 생산하는 일이 저자의 일이라면 지식의 위계와 범주를 설계하는 일은 에디터의 일이다. 에디터는 저자처럼 어떤 한 지식에 정통할 필요가 없다. 모든 지식을 알 필요도 없다. 원하는 지식이 무엇이고, 필요한 저자가 누구인지 분별하고 선별하는 일에 기민하면 된다.

오늘날 바벨의 도서관을 대신하는 것은 인터넷이다. PC를 켜고 인터넷에 접속만 하면 정보의 바다가 우리 앞에 펼쳐진다. 가히 정보 포화의 시대지만 이 미로 속을 헤매다 보면 내가 자주 다니는 길, 오래 머무는 공간이 생기게 마련이다. 그러다 편집 감각이 있는 사람은 나름의 기준을 세우고, 정보를 취사선택하여, 범주화하기 시작한다. 그렇게 즐겨찾기 시작한 정보는 일과 삶에 유용한 지식으로 자리 잡는다. 사소한 정보라도 취사선택과 범주화가 수월해지면 편집은 우리 삶에 스며드는 기술 또는 라이프 스타일이 된다. 학문의 토대가 약했던 나는 출판사에 들어가 문고나 총서 등 대형 시리즈 물을 만들면서 나만의 지식 지형을 그리게끔 됐다. 나만의 지식 지도가 생기면 그것을 사다리처럼 딛고 올라서서 또 다른 세상을 엿보거나 욕망할 수 있게 된다. 그렇게 에디터는 누군가 홑겹의 삶 안에서 반복되는 일상의 지루함에 하품할 때 한 번의 생에서 백만 번 산 고양이처럼 다채로운 삶을 경험한다.

## 카테고리 횡단하기

지금 내가 서 있는 곳과 다른 범주가 보이기 시작하면 이를 이중삼중 겹치거나 합치거나 분리해서 보는 일도 할 수 있다.

일종의 '포지셔닝positioning'이 가능해진다. 포지셔닝 개념은 잭 트라우트와 앨 리스에 의해 최초로 대중화되며 미국 광고 업계를 넘어 마케팅 업계까지 커다란 영향력을 미쳤다. 현대 사회는 커뮤니케이션 과잉 사회인데, 이런 사회에서 기업이 취해야 할 최선책은 상품에 대한 메시지를 극도로 단순화하는 것이다. 애매하거나 불필요한 것을 없애고 날카롭게 갈아서 극도로 단순화한 메시지만이 수신자, 고객의 마인드에 입력된다. '고객이 언제나 옳다'라는 말이 선행할 때 발신자 관점을 수신자 관점으로 뒤바꿀 수 있고 잠재 고객에 집중할 수 있다. 기업이 자사 상품의 의미와 가치를 설파하기보다 잠재 고객의 마인드와 인식에 집중할 때 비로소 원하는 포지션을 창출할 수 있다. 이것이 포지셔닝의 역학이다.[17]

앞서 〈편집은 창조다〉라는 절에서 없음nothing에서 있음being을 만들어 내는 것이 조물주의 창조라면 있음being에서 또 다른 있음creative being을 만들어 내는 것은 에디터의 창조라고 구별한 바 있다. 이 '또 다른 있음'을 만들어 내는 핵심 전략이 '포지셔닝'이다. 그걸 알게 된 계기는 인문서 에디터에서 자기계발서 에디터로 포지션을 바꾸던 내가 그간 배운 모든 것을 다시 원점에서 보게 된 시절로 거슬러 올라간다.

건강이 좋지 않아 본가에 내려가 쉬고 있을 때였다. 혼자 고립돼 있던 시기인데 무슨 자신감인지 에디터로서 배울 일은 다 배웠고 할 일은 다 해봤다는 생각이 들었다. 그래서 나의 브랜드를 갖기로 했다. 출판업은 면세 업종인데다 주거지를 사업장으로 신고할 수 있어 창업 자금이 넉넉하지 않아도 아이템만 있다면 바로 사업을 시작할 수 있다. 안성시청에 출판사 등록 신고를 하고 며칠 후 세무서에 들러 사업자 등록을 마쳤다. 그리고 마음이 이끄는 대로 몇 종의 책을 냈는데, 정해진 순서인 양 가진 돈을 모두 쓰고 빚더미에 올라앉았다. 순식간에 벌어진 일이었다. 몸으로 뭔가를 배워 익히기를 즐기는 사람이지만 굳이 꼭 사업 실패의 쓴맛까지 봐야 했을까. 다행한 건 출판에서 내가 더 배워야 할 영역이 있다는 사실을 늦지 않게 깨우쳤다는 것이다. 바로 독자, 시장, 마케팅이었다.

다시 원점에 섰다. 내 경력의 전부인 인문학의 안온한 울타리를 벗어나야만 했다. 내가 출간한 책은 왜 팔리지 않는지, 팔리는 책은 무엇이 남다른지 알고 싶고 배워야 했다. 자본이 작동하는 원리를 모르고 출판사를 운영한다는 건 어불성설이었다. 베스트셀러를 쏟아내는 실용 출판의 문을 두드리기로 했다. 다행하게도 해마다 대형 베스트셀러를 출간하는 한경BP 그리고 토네이도 출판사와 연이 닿았다.

의미와 가치를 디자인하는 인문 출판에서 숫자로 사고하는 실용 출판으로 포지션을 바꾸는 일은 쉽지 않았다. 책에 대한 용어 정의부터 달랐다. 허구한 날 '도서 기획안'을 쓰던 나는 이제 '상품 개발안'을 제출해야 했다. 회의 석상에서 동료들이 주고받는 소비 트렌드 분석을 전혀 알아듣지 못해 혼자 충격에 휩싸인 적도 여러 날이었다. 평풍처럼 쏟아지는 말들의 속도를 따라잡을 수 없으니 낯선 행성에 홀로 뚝 떨어진 느낌이었다. 막막했지만 매달 갚아 나가야 하는 은행 빚을 생각하면 무슨 수를 써서라도 적응하고 살아남아야 했다.

안 보던 텔레비전, 특히 편집의 총체인 예능을 보기 시작했다. 없던 SNS 계정을 만들었다. 핸드폰에 게임 앱과 쇼핑 앱도 깔았다. 직장인들의 뒷담화 문화에도 가담했고, 퇴근하면 온갖 강연과 스터디그룹을 쫓아다녔다. 대중은 무엇을 욕망하고 무엇에 아낌없이 시간과 돈을 쓰는지, 나와 같은 직장인이 적잖은 값을 치르고 얻으려는 지식은 무엇인지, 유리알처럼 위태로운 이상론이 아니라 호두알처럼 단단한 현실 데이터에 기반해 사고하고 예측하는 습관을 들여야만 했다.

그렇게 분투하다 만들게 된 책이 레이먼드 조의 《관계의 힘》(한경BP, 2013)과 신정철의 《메모 습관의 힘》(토네이도, 2015)이다. 전자는 거창한 인맥보다 진정한 인간관계가 성공의 사다리라는 메시지를 전하는 스토리텔링 자기계발서다. 후자는 대기업 연구원으로 일했던 저자의 직무 경험과 축적된 메모 습관을 바탕으로 SNS 사회가 요구하는 지적 생산의 도구로서 메모의 효용성을 밝힌 실용 자기계발서다. 두 책 모두 당해의 종합 베스트셀러가 됐다. 적게는 수만 부, 많게는 수십만 부가 팔렸다. 1~2년에 걸쳐 팔리는 초판 부수가 하루 매출 부수로 찍히는 것을 매일 보면서 매일 의심했다. 나도 드디어 팔리는 책을 만드는 에디터가 된 것인가? 설마, 그럴 리가. 나는 팔리는 책을 만드는 팀의 일원이 됐을 뿐.

베스트셀러는 개인이 노력하고 소망한다고 해서 쉽사리 탄생하지 않는다. 팔리는 책 뒤에는 일개인의 능력치를 넘어서는 조직의 협업과 전략과 자본과 비전이 자리한다. 한 권의 밀리언셀러를 만들기 위해 에디터들의 무수한 노고가 담긴 수십, 수백 권의 백리스트를 폐기할 각오가 되어 있는 조직에도 행운은 간신히 찾아온다. 저자만 바라보고 기대면 곤란하다. 상업 도서야말로 디렉터이자 마케터로서 에디터의 역량이 더 전방위로 요구되는 분야다. 시시각각 변하는 독자와 시장의 언어를 부단히 학습하고 그 흐름을 추적해 전략적으로 두드릴 때 기적의 문이 열린다.

그러고 보니 두 도서의 제목에 모두 '힘'이라는 단어가 들어간다. 인문학 에디터는 의식적으로 피하는 단어 중 하나다. '힘'이라는 단어를 말하는 순간 힘이 제대로 표현되지 않는 메타포의 원리를 알고 있거니와, 메타포가 영향력을 발휘하는 분야가 인문학이기 때문이다. 실용서 영역은 다르다. 제목과 카피를 통해 전달하는 메시지는 비유적이기보다 직접적

이어야 하고, 최대한 단순하고 명료한 단어들을 조합해 메시지를 전달해야 한다. 누가 봐도 오독하지 않는 의미를 전달해야 한다. 이렇게도 해석할 수 있고 저렇게도 해석할 수 있는 표현은 최종 의사결정 단계에서 대부분 폐기된다. 인문서 에디터에서 자기계발서 에디터로 변모하는 과정에서 내가 가장 힘겨워했던 과제가 이것이었다. 메타포의 세계에서 빠져나오기. 인문학적 기의의 세계에서 실용적 기표의 세계로 진입하기. 그러나 기표들만으로 또 다른 기의를 만드는 묘미를 알게 된 뒤로는 군이 에디터로서 나의 포지션을 따지지 않게 됐다. 지금 만드는 책, 그것이 가장 중요한 현장이다.

## 독자를 포지셔닝하기

두 권의 대형 셀러가 탄생하는 동안 에디터로서 내가 한 일이 전혀 없었느냐 하면 그렇지는 않다. 어느 날 퇴근 후에 광화문 교보문고에 들렀는데, 습관처럼 향하던 인문학 매대가 아니라 베스트셀러 집계판 책장을 빠르게 훑은 뒤 자기계발 신간 매대로 성큼성큼 이동하는 스스로를 낯설게 인지한 적이 있다. 동시에 하얀 셔츠에 넥타이를 맨 직장인들이 경제경영서 매대에 다닥다닥 붙어 책을 뒤적이는 장면이 눈에 들어왔다. 그때까지만 해도 직장인들이 업무 증진과 자기계발에 이토록 오랜 시간과 많은 비용을 투여하는지 몰랐다. 질문 하나가 솟

왔다. '와, 이 많은 독자를 다른 매대로 데려가려면 어떻게 해야 하지? 아니, 이들이 즐겨 찾는 매대에 다른 책을 갖다 놓으면 어떻게 될까?' 사람은 관성처럼 가던 길을 가고 보던 것을 보고 먹던 것을 먹는다. 어지간한 계기가 아니고서는 일부러 새로운 길을 찾고 낯선 것을 즐기는 부류가 드물다. 다만 자신이 습관처럼 가던 길에 낯선 풍경이 보이고 새 맛집이 생기면 없던 호기심이 살아나기도 하는 법.

독자를 바꿀 수 없다면 매대를 바꾸면 되겠다는 힌트를 얻었다. 이후 인문학 주제를 경제경영이나 자기계발서에 입히는 작업, 또는 실용적 감각으로 인문학의 주제를 선별하는 작업에 착수했다. 인문 분야에서 유행하는 콘텐츠를 자기계발로 포지셔닝한다면 어떤 어법을 취하면 좋을까? 반대로 자기계발 분야에서 유행하는 콘텐츠를 인문으로 심화한다면 어떤 개념으로 포지셔닝해야 좋을까? 매일같이 종합 베스트셀러 목록과 분야별 베스트 목록을 비교하고 분석하면서 제목에 담긴 '말들의 조합'을 습관화하기 시작했다. 숫자로 평가받는 살벌한 일터에서 나름 재미를 느끼는 비법이 생기자 버티는 힘이 붙기 시작했다. 수년 전부터 하이브리드한 작업에 흥미를 느꼈거니와 이런 관점으로 사물과 세상을 보기 시작하니 성향이 비슷한 저자와도 곧장 연결됐다.

레이먼드 조와 신정철 작가는 무엇이 좋은 삶이고 어떻

게 살아야 행복한지를 묻는 인문적 가치를 대중에게 전달하는 법을 터득한 분들이다.《관계의 힘》은 뻔해서 간과되는 인간관계의 지혜를 스토리텔링 기법과 드라마틱한 플롯에 간접적으로 실어 냄으로써 메시지 증폭에 성공했다.《메모 습관의 힘》은 심리학과 행동경제학에 기반하여 자기계발을 넘어 자기성장의 도구로서 메모 습관을 새롭게 발견하도록 도왔다. 두 책은 통상의 자기계발서라서 베스트셀러가 된 것이 아니다. '관계'와 '메모'라는 일상적이고 실용적인 주제로 독자의 삶을 다시금 각성시키고 업그레이드하는 책이었기에 두루 읽히고 많이 팔린 것이다. 사실 책의 작품성과 상품성이 균형을 이루며 독자의 니즈needs와 원츠wants를 만족시키는 이 접점이야말로 자본주의 시대 에디터의 가장 긴요한 자질인지도 모른다. 내가 한 일은 저자들의 단점에 의기소침해하기보다 강점에 주목하고 의미를 부여해 그것을 더 극대화하는 방편으로서 포지셔닝을 고민한 것이었다.

　"시인이 왜 자기계발서를 만들어요? 그래서 시를 쓰지 못하는 거예요?" 대형 셀러를 만든 뒤 연봉도 오르고 직급도 높아졌지만 이게 맞는 길인지 스스로 의구심을 떨치지 못하던 때였다. 오래 알고 지낸 업계의 지인으로부터 이 질문을 받고는 한동안 일이 손에 잡히지 않았다. 초심자의 자세로 사력을 다해 만든 책이 자기계발 매대에 놓여 있다는 이유로 저평가를 받으니 책상머리 평자들을 향한 혐오가 스멀거리기도 했다. 그러나 그보다 더 괴로운 일은 다음 문제의식에 내놓을 나만의 답안지가 없다는 사실이었다. '자기계발 이데올로기는 국가와 학교와 기업이 담당해야 할 몫을 개인에게 떠넘김으로써 사회 발전의 동력을 확보하는 데 기여하는 거대한 사기극에 지나지 않는다. 스스로 돕는 자조自助 사회에서 서로 돕는 공조共助 사회로 바꿔가야 하지 않을까?'[18]

하지만 세태 비판은 학자들의 몫이 아니던가. 그들이 그들 방식으로 그들 일을 하듯 나는 내 방식으로 내 일을 하면 됐다. 그들의 문제의식에 공감한다면 당장 내놓을 답안이 없다고 괴로워하기보다 책을 통해 답하는 쪽이 나다운 방식이라고 결론을 내렸다. 새가 좌우의 날개로 날듯이 출판은 문화와 산업이라는 양 날개를 펼치고 오랫동안 인류의 성장을 견인해 왔다. 디지털 기술에 기반한 온갖 영상 콘텐츠가 쓰나미처럼 몰려오는 가운데 사양산업의 길로 들어선 활자 중심 출판이 여전히 인간 사회에 영향력을 발휘하는 이유다.

## 사람이 콘텐츠다

### 텍스트를 찢고 사람이 걸어 나오는 순간

에디터는 언제 어떻게 탄생하는가? 출판사에 입사해 원고를 읽고, 저자를 만나고, 인쇄 골목을 누비고, 서점에 드나들면 저절로 에디터가 되는가? 이런 행적을 차근차근 밟아 나가면 모두가 에디터로 살아남는가? 나는 왜인지 뛰어난 사수들 밑에서 안정적인 경로를 밟고 있는데도 꽤 오랫동안 출구 없는 미로를 헤매는 기분이었다. 그런 내게도 편집의 맛, 출판의 멋을 느끼는 순간이 찾아온다.

2008년 여름이었다. 전화 한 통을 받았다. "왜 제 책이 이렇게 늦어지죠? 언제쯤 나오나요?" 다소 격양된 목소리로 출간을 독촉하던 그이는 부산 청년 김성만이었다. 자전거 한 대로 중국 상하이에서 포르투갈 리스본까지 1만 4200킬로미터를 432일간 홀로 달린 뒤 돌아와 글을 써서 출판사에 투고한 사람. 대학과 군대와 취업으로 점철된 20대를 유라시아를 여행하기 위해 설계하고 바친 기이한 젊은이. 나는 그의 존재를 전혀 몰랐다. 실용서를 만들던 팀이 해체하면서 기존에 계약한 원고들이 담당자를 잃고 사무실 한쪽에서 먼지를 뒤집어쓰고 있었는데, 내 앞에 당면한 과제들을 해결하느라 다른 팀 원고에 눈길 줄 여유가 없었다. 그날 그 전화도 대강 수습하고 윗선에 넘기려던 참이었다. 하지만 유선 너머로 들려오는 목소리에는 거부하기 어려운 간절함이 실려 있었고, 그 힘이 결국 나로 하여금 원고 더미를 풀어헤치도록 만들었다.

그의 원고와 사진을 훑던 순간은 여태도 선명히 기억난

다. 텍스트의 잿빛 세계에 푹 절여진 뇌가 푸릇푸릇 살아나는 느낌이었다. 그 순간을 일러 '텍스트의 세계를 찢고 사람이 뚜벅뚜벅 걸어 나오던 순간'이라고 표현하고 싶다. 정련되지 않은 글쓰기에도 불구하고 히말라야를 기점으로 한 드넓은 유라시아의 숨결이 그의 문장을 타고 내 코앞까지 들이닥쳤다. 자신의 몸으로 직접 대면한 세계의 경이로움을 타인에게 그대로 공명시키는 힘은 어디서 오는가? 수려한 문장, 잘 짜인 프레임만으로는 불가능할 것이다. 기술과 솜씨에 선행하는 한 사람의 정신과 영혼이 집약된 내면 어딘가일 것이다.

그의 원고는 그의 사투리처럼 투박했지만 세상과 공명하는 힘으로 가득했다. 전문가 수준을 상회하는 아름다운 사진은 보는 사람에게 길 너머의 길을 상상하게끔 했다. 중국, 티베트, 네팔, 인도, 파키스탄, 이란, 터키, 그리스, 이탈리아, 프랑스, 스페인, 포르투갈이라는 열두 나라는 그의 원고를 읽기 전까지는 흩어져 산발하는 낯선 점에 불과했다. 그는 그 점들을 하나의 선으로 이어 자기만의 길을 내기 위해 비행기나 버스가 아닌 자전거를 선택했고, 수백 일간 지치지 않고 달리기 위해 부러 부사관이 되어 몸을 만들었다. 무명이었고 어렸지만 이미 거대한 세계를 자신의 맨몸으로 통과해 본 사람만의 힘, 그 거부할 수 없는 매력에 나는 '군살 없는 영혼'이라는 이름을 붙이고 편집에 돌입했다.

주머니는 헐겁고 가진 것은 자전거와 카메라, 그리고 체력밖에 없는 이십 대 청년, 말도 서툴고 지리도 밝지 못하다. 하지만 그는 달렸다. 자기 내면의 목소리가 이끄는 대로, 때로는 천천히 때로는 속도를 즐기며, 해발 5000미터가 넘는 고지대부터 새들만 노니는 저 프랑스 저지대까지, 평화로움과 신비로움이 넘쳐나는 세계 4대 종교 발상지에서 여전히 전운의 긴장이 감도는 파키스탄 서부 사막 지대까지, 기쁨과 슬픔, 이완과 긴장, 문화와 문명 사이를…….

두 바퀴 자전거로 횡단한 이번 유라시아 여행을 통해 무엇을 얻었느냐고 물었더니 저자는 이렇게 답했다. "자연에 대한 경외감이요. 자연이 정말 살아 숨 쉬고 있다는 사실이요." 그러한 경외감을 품고 앞으로 무엇을 하며 살 것인지 물었더니 이번엔 이런 답을 들려 주었다. "아름다운 세상을 만들고 싶어요. 그러려면 우선 아름다운 사람이 되어야겠지요."

그가 다녀온 모든 길을 보여 주기엔 58편의 여행기와 100여 컷의 화보, 24편의 포토에세이로는 모자라다. 하지만 엿볼 수는 있다. 그가 무엇을 보았고 어떤 이들을 만났으며 그러한 만남을 통해 어떤 변화를 일으켰는지. 중국에서 여행을 시작할 당시만 해도 살집이 통통했던 저자는 터키를 거쳐 유럽으로 들어갈 때쯤이면 군살 하나 없는 라이더로 변해 있다. 성숙미가 물씬 풍긴다. 군살 없는 영혼……이런 표현을 읊조리며 그의 사진을 들여다보는데 슬며시 웃음이 지어진다. 이런 건장한 청년들이 한국에 있다고 생각하니 신난다.

위 글은 《달려라 자전거》(책세상, 2008)를 만든 뒤 그 감흥을 독자들과 나누고자 《기획회의》에 기고한 편집자 서평의 일부다. 스스로 길을 내면서 세상을 알아가고자 원했던 청년의 첫 책은 2008년도 대한출판문화협회 올해의 청소년 도서, 한국출판문화산업진흥원 청소년 권장 도서로 선정되며 순항했고, 김성만 선생님은 아름다운 세상을 만들기 위한 제2의 여정을 시작했다. 녹색연합 활동가가 되어 4대강 현장을 누볐고, 자신처럼 강인하고 지혜로운 반려자를 만나 가정을 꾸렸다. 두 부부가 살아갈 거처 또한 두 발로 전국을 누비며 결정했다. 역시 그다운 일이라고 생각했는데 여기서 끝이 아니었다. 어렵사리 고른 터에 손수 살 집을 지어 올리고, 두 아이를 집에서 자연주의 출산법으로 낳아 건강하게 키우면서, 청년 시절 고수하던 채식주의를 내려놓고 아이들이 좋아하는 친환경 흑돼지 농장을 운영하며 살아가고 있다. SNS를 통해 이들 일가족의 삶을 접할 때면 매번 감탄하고 매번 배운다. 삶을 근원부터 궁리하는 이들은 먹고 자고 일하며 살아가는 터전을 자신의 손으로 직접 일군다는 공통점이 있다. 타인에게 자신의 세계를 헐값에 넘기지 않으며, 열려 있되 중심을 잃지 않는다.

《달려라 자전거》를 만들면서 사람을 발견하고 발탁해 세상으로 내보내는 편집의 숨은 힘을 비로소 자각했다. 에디터의 권능이 무궁하다는 것도 알게 됐다. 편집의 현장은 수많은 장애와 간섭과 좌절로 점철돼 있지만 그것 못지않게 잠재력이 꿈틀댄다는 것을 '군살 없는 영혼'이 가르쳐 줬다. 누군가를 위해 세상을 향한 첫 문을 열어 주고 그 길이 순탄하길 응원하며 지금의 자리에서 한 그루 나무가 되어가는 일. 지속 가능한 편집은 이렇게 사람으로부터 출발한다는 것을 깨닫자 이 일을 평생 해도 좋겠다는 마음이 자리 잡기 시작했다. 그때부터 '진짜들'이 눈에 들어오기 시작했다.

## 자연에 뒹구는 실천 인문학자와의 만남

출판사는 책이라는 상품을 대량 생산해 영리를 추구하는 곳이다. 여타 기업과 마찬가지로 경제 논리에서 자유롭지 못하기에 출판사를 운영하는 경영자와 책을 만드는 에디터는 자주 충돌한다. 책의 의미와 가치에 집중하는 에디터는 판매 부수라든가 매출액, 베스트셀러 순위 등 숫자의 세계를 우선시하는 경영자 담론이 무자비하다고 느낀다. 그렇다고 무시하지는 못한다. 팔리지 않으면 더는 만들 수 없는 이치가 모든 사업의 내재율이기 때문이다. 경영자 또한 숫자와 장부가 제일 중요하면서도 출판 정신에 충실한 에디터 없이는 사업을 지속하기가 어렵다. 게다가 현장은 단선적이지 않다. 편집과 경영을 겸하는 크리에이터가 다수이며, 책이 상품이면서 문화라는 점을 모르는 편집 주체는 드물다. 한마디로 출판은 양립 불가능한 세상이 손을 맞잡고 있는 업종이다. 그래서겠지만 인간의 일들 가운데 사적 취향과 공적 이익이 교집합을 이루는 몇 안 되는 일이다.

출판의 이런 양립성에 주목하게 된 것은 '편집장'이 아닌 '기획실장'이라는 직함으로 일할 때였다. 사업의 최종 의사결정권을 가진 경영자도 아니고 그렇다고 책의 의미와 가치에만 집중하는 에디터도 아닐 때 고민이 극에 달했다. 내가 어떤 책을 기획해야 출판사를 살리고 내 자리에서 밀려나지 않을지를 모르지 않았다. 억 단위 연봉을 받으며 스타 편집자로 발돋움할 수 있는 길도 보였다. 그런데 나는 일찌감치 엇박자를 탔다. 이미 이름난 존재, 그 이름 덕분에 다소 느슨하고 허술해도 책이 팔리는 저자들이 있다. 그들 대신 나는 이름이 약해도 세계가 있는 존재, 문장마다 팽팽한 결기로 사람의 영혼을 후벼파는 무명씨들에 눈이 갔다. 무한한 잠재 가능성을 가진 숨은 보석을 캐낼 때 내 일의 존재 가치를 느꼈다.

그중 첫머리에 두고 기억하는 저자가 있다. 오지 탐험가이자 우리나라에 오토 캠핑 문화를 선도한 박상설 옹. 선생님은 내 나이의 두 배하고도 9년을 더 산, 당시 내가 만나본 시니어 중에 가장 연로한 분이셨다. 선생님을 처음 만났을 때가 87세였는데, 그 연세에 자신이 자연에 몸을 던져 살아가는 이유에 대해 팽팽히 당겨진 활시위처럼 사유하고 기록하는 노인은 처음 보았다. 50년 동안 주말농장을 운영하고, 20만 그루가 넘는 나무를 심고, 모든 끼니를 스스로 해결하며, 여전히 백패킹을 즐기는 깐돌이 할아버지. 선생님이 그런 삶을 살게 된 데는 사연이 있었다.

그는 건설기계 기술사로 직업 전선에서 전성기를 달리다가 1987년, 61세 나이에 뇌졸중으로 쓰러지면서 인생의 전환기를 맞이했다. 뇌간동맥경색 판정을 받았으나 수술이 불가능한 상황이었고 아스피린 한 알과 걷기 운동만이 유일한 처방이었다. 그는 걷지도 못하는 몸으로 병원을 뛰쳐나와 그 길로 세계 오지를 떠돌았다. 텐트 하나 걸머지고 알래스카, 고비사막, 타르사막, 인도와 네팔의 자연 속으로 뛰어들었다. 죽자고 뛰어든 곳에서 그는 살아났고, 눕지 않고 걷기를 계속한 것이 기적을 가져왔다. 한국으로 돌아온 그는 오대산 북쪽에 주말레저농원 캠프나비Camp Nabe를 열고 '열린 인성 캠프'를 운영하면서 상처 입은 사람들이 자기 안의 자연성을 회복하도록 이끌었다.

그를 만나기 전에 이미 상당량의 원고를 확보해 둔 터

라 그의 일대기를 어느 정도는 파악하고 있었다. 숫자의 세계에 질식할 때마다 인터넷 브라우저를 열고 그의 칼럼을 수시로 찾아 읽은 덕이다. 왜 이런 문장이 여태 책으로 묶이지 않았는지 의아할 뿐이었다. 프랑스 철학자 앙리 베르그송에 따르면 직관이란 '몸을 통과한 이성'으로서 인간 경험의 총체를 바탕으로 한 지성적 태도를 가리킨다. 선생님의 글은 직관 그 자체였다. 한번 접하면 예리한 화살촉처럼 깊게 각인되어 빠져나가지 않았다. 몸으로 써 나간 그의 사유를 세상에 널리 알리고 싶어 내 마음은 첫 순간부터 들썩였다.

그를 만난 첫날을 기억한다. 선생님은 손주뻘 되는 사람이 당신의 책을 만들겠다며 무작정 찾아오자 두어 시간 정도 거실 한편 캠핑용 의자에 앉혀 놓고 탐색의 시간을 가졌다. 이윽고 무엇을 예감한 듯 자신이 글을 쓰는 컴퓨터를 켜고는 거기 담긴 글을 싹 가져가라면서 이런 말씀을 덧붙이셨다. "책은 김 실장님이 알아서 잘 만들어 주세요. 내 원고를 모두 맡길게요." 계약서에 도장을 찍기도 전이었다. 우리는 비즈니스 대화를 후딱 마무리하고는 현관 밖으로 나섰다. 선생님이 늘상 다니는 산길과 아라뱃길이 궁금했다. 한쪽 머리를 갸우뚱 얹고 다소 비틀거리는 선생님을 따라 걷는 동안 빠르게 이동하는 적란운 사이로 햇살이 부챗살처럼 펼쳐졌다. 대자연 속 소우주, 외로운 인간들의 행성이 서로를 끌어당기며 불꽃을 일으키는 순간은 영원성으로 가득했다. 인류란 저 푸르디 푸른 공중에서 찰나의 형태로만 감지되는 우주의 비밀을 직관하기 위해 걷고 또 걷고, 쓰러져도 걷는 직립 보행의 길을 선택한 것인지도 모르겠다는 생각을 했다.

선생님이 모두 가져가라고 했던 원고의 분량은 엄청났다. 그날 가져간 USB에도 다 담기지 않아 사나흘간 선생님 네트워크에 원격으로 접속해 내 컴퓨터로 복사했다. 모든 원고를 빠짐없이 읽고 네 개의 장으로 나눈 뒤 공들여 다듬는 데만 6개월이 걸렸다.[19] 노인 특유의 염려 가득한 전화와 메일이 종종 당도했지만 나는 저자와의 사교보다는 책 편집과 제작에 집중했다. 당장은 서운해하셔도 책이 하루라도 빨리 나오는 편이 연로한 선생님께 더 좋을 거라고 여겼기 때문이다. 물론 지금이라면 선생님과 편집 과정을 더 자세히 공유하면서 함께하는 시간을 확보했겠으나 그때는 이런 지혜가 없었다.

노란 꽃을 피우던 산수유가 붉은 열매를 맺기 시작할 무렵 선생님의 첫 책 《잘 산다는 것에 대하여》(토네이도, 2014)가 '백 년의 삶이 나에게 가르쳐준 것들'이라는 부제를 달고 시장에 나왔다. '자연'과 '캠핑'이라는 두 키워드에 꽂혀 있던 내게 독자층을 넓히자며 부제를 직접 지어 주신 편집주간님 덕분에 책은 금세 2쇄를 찍었다. 일간지 전면에 저자 인터뷰가 실리고, 강연을 요청하는 기관이 늘고, 텔레비전 다큐멘터

리 프로그램에도 출연하며 선생님은 제2의 전성기를 맞이하시는 듯했다. 비틀거리되 쓰러지지 않는 강고한 정신을 알기에 나는 그저 멀찍이서 선생님의 남은 생을 응원하리라 마음먹었다. 건강한 사람보다 더 건강한 마인드로 무장한 분이시니 언제까지나 살아계실 줄 알았다.

그로부터 8년 후 어느 가을날, 이른 아침부터 전화벨이 울렸다. 박상설 선생님이 칼럼니스트로 활동하는《아시아엔》의 이상기 발행인이었다. 박상설 선생님께서 2021년 12월 23일 94세로 세상을 떠나셨다는 소식을 전해 주셨다. 다음 날에는 선생님의 유족으로부터 전화가 걸려왔다. 아직 상중이라 슬픔이 가시지 않은 목소리였지만 나를 꼭 한번 만나고 싶다고 하셨다. 언젠가 선생님께서 스치듯 들려주신 이야기가 떠올랐다. 자식들 가운데 아픈 딸이 있는데 가족주의로부터 탈피하여 자연주의로 선회한 선생님의 여생을 지지해 주는 동지라고.

연달아 걸려온 전화 두 통에 나는 한동안 아찔했고, 마음이 무거워졌다. 언젠가 꼭 캠프나비로 선생님을 찾아뵙겠다고 약속했는데 그것을 지키지 못한 것이다. 언제 죽을지 모르는 사람에게 돌연히 나타나 자신의 모든 것을 일목요연하게 꿰어 준 사람이라며, 어리디어린 내게 어김없이 존대하시고 당신의 가장 내밀한 기록들을 스스럼없이 보여 주시던 어

른. 내내 기다리셨을 텐데, 불경하게도 나는 선생님이 돌아가
시고 나서야 선생님의 베이스캠프에 다녀올 마음을 냈다.

　　해발 600미터 고지에 위치한 캠프나비는 왼쪽에 맑은
계곡을 두고 기다랗게 뻗어 있는 농장과 비닐하우스 한 채로
이뤄져 있었다. 비닐하우스 안에는 삼삼오오 모여 앉아 감자
구워 먹으며 이야기하기 좋은 난롯가를 중심으로 당장이라도
캠핑할 수 있는 텐트 두 채가 서 있었고, 누구라도 사용하도록
캠핑 장비와 농사 도구가 질서정연하게 벽을 이루고 있었다.
선생님은 부재했지만 그의 습관과 철학과 비전이 구석구석
박혀 있었다. 군더더기가 없었다. 죽는 순간까지 말과 행동이
일치했던 예외적 인간, 박상설 옹처럼. 그날 나는 심지를 굳혔
다. 절판된 선생님의 책을 다시 살리겠노라고 선생님 영전에
서약했다. 모든 것이 한순간에 뒤집히기도 하는 것이 인간의
일이지만 복잡한 관계의 숲에서 선생님과 내가 연결됐다는
사실만큼은 비가역적인 진실이다. 나는 그분의 첫 책을 편집
한 순간 마지막 책까지 편집하도록 내정된 연緣이었는지도
모르겠다.

　　출판 동네에 있다 보면 듣지 않아도 좋을 것을 듣고, 보
지 않아도 좋을 것을 보게 된다. 사람과 말에 관계하는 직업이
다 보니 누구보다 깊숙이 알게 된다. 만인이 감탄하는 작품을
쓴 사람이 사실은 대필 작가를 고용했다거나, 아름다운 시를

짓는 사람이 누구보다 세속적으로 부를 축적한다거나, 약자에 대한 존중을 주장하는 이가 정작 약자만 골라서 괴롭히는 현장을 목격하고 나면 어쩔 수 없이 출판업 자체에 회의감이 밀려온다. 그렇다고 나의 업을 팽개칠 수는 없으니 문장과 행위, 글과 사람이 일치한다는 환상을 내려놓아야 오래오래 책을 만들 수 있다는 사실을 받아들이게 된다. 인간은 완전하지 않고 지극히 모순적인 생물이라서 생각과 말과 행위가 서로를 자주 배신하고 엇나간다는 사실을 받아들일 때, 진짜 출판이 시작된다. 그래야 진흙탕에서 피어나는 연꽃처럼 사언행思言行이 조화로운 이를 발견하고 알아보는 눈이 생긴다.

왜 우리는 글을 쓰고 책을 만들까? 저마다 곡진한 이유가 있겠지만 나는 이 행위가 인간만의 일이자 가장 인간다운 일이라고 여긴다. 사람보다 아름다운 존재는 헤아릴 수 없이 많다. 길 위에 놓인 한 덩이 돌조차 사람보다 아름답지 못할 이유가 없다. 하지만 돌은 글을 쓰지 못한다. 책을 만들지 못한다. 언어적 존재, 관념과 추상의 존재가 아니기 때문이다. 돌은 돌만의 분자 구조를 가진 사물일 뿐이다. 그 사물의 심원을 직관하는 눈과 논증하는 언어는 인간의 것이다. 이 인간다움의 총체가 출판으로 귀결된다.

## 공부하는 사람을 공부하기

공부하는 학자의 삶은 뭇사람들의 존경을 받지만 연구, 강의, 학술 발표, 저술 활동 등으로 이루어진 그들의 삶은 일견 외롭고 고단해 보인다. 그러나 그들이 갈고닦은 학문의 세계가 대중에게 전파되고 그들의 공부가 세상을 변화시키고 발전시키는 일에 동참할 때, 그들의 삶은 누구보다 역동적인 파노라마를 그리며 불후不朽의 세계로 월반한다. 에디터는 학자의 공부가 세상을 향할 수 있도록 저자와 보폭을 함께하는 사람이다. 외로운 골방의 언어가 신명 나는 광장으로 나아갈 수 있도록 지지하고 응원하는 후원자이자 덕후다. 그들의 언어와 그 뜻을 알아듣기 위해 그들의 가르침을 좇으며 공부한다.[20] 그래야 그들을 책이라는 용기에 담아 세상이라는 바다로 흘려보낼 수 있다(물론 세상 모든 에디터가 학자들의 책을 만드는 것은 아니며 이 길만이 가치 있는 것도 아니다).


무명의 언어로부터 배우다

대학에서 문학을 공부하던 나는 지식보다 사람을 연구하느라 더 바빴다. 그래서 수업에도 자주 빠지고 학점 관리에도 미숙해 졸업 후 진로조차 불투명했다. 그러다 진짜 공부의 맛을 알게 된 계기가 있었다. 대학 졸업을 한 학기 앞두고 여름방학이 시작될 무렵이었다. 시 창작 수업을 강의하던 홍신선 시인께서 박제천 시인이 운영하는 문학아카데미 출판사에서 편집 보조를 찾고 있다며 일할 마음이 있는지 물어보셨다. 방학이면 아르바이트 자리 찾는 게 일이었는데 잘됐다 싶었다. 그렇게 이 길로 들어섰다. 에디터가 어떤 일을 하는지도 모른 채로.

1999년 당시는 활판 출판에서 DTP(Desktop Publishing) 출판으로 진화해 개인 책상에 앉아 매킨토시 쿼크익스프레스 편집 프로그램으로 책을 만들던 시절이었다. 출판이 전자화 됐다지만 지금처럼 한글 파일이나 워드 파일로 원고를 보내는 경우는 거의 없었고 문인들은 대체로 수고手稿를 우편으로 부쳐 왔다. 출근한 첫날 내가 한 일도 원고지에 육필로 적힌 시를 컴퓨터로 입력하는 일이었다. 문청이었던 나는 저마다 독특한 필체를 자랑하는 문인들의 육필 원고를 보며 감격했고, 선배 시인들의 시를 마치 내 작품인 양 한 자 한 자 입력한 뒤 교정하는 일에 푹 빠져들었다. 그때 박제천 시인이 원고를 정리하는 요령 하나를 알려 주셨다. "원고가 들어오면 앞 장에 입수한 날짜를 적어 두렴. 그리고 다 입력한 원고에는 날짜와 함께 '입력 완完'이라고 적어 두고. 지금이야 한두 편이지만 마감 때는 원고가 수십 편 쌓여 정신없어질 테니."

이후 나는 육필 원고뿐만 아니라 데이터 원고에도 일의 진행을 기록했고 이것은 여태 습관으로 굳었다. 막 들어온 원고에는 '입入', 작업 중인 원고에는 '중中', 작업을 완료한 원고에는 '완完'이라는 꼬리말을 붙이거나 그런 폴더를 만들어 정리했다. 더불어 편집본은 '초고', '1교', '2교', '3교', 'OK교' 등으로 버전을 달리해 저장하고 플로피 디스크에 복사본도 만들어 두었다. 도서관 아르바이트 시절에 더미로 쌓인 책을 정리하며 쾌감을 느끼던 정리벽은 컴퓨터 앞에서 파일을 정리하는 일에도 고스란히 적용됐다. 낱장 낱장의 원고에 차례를 부여하고 꼭지별로 정리한 뒤 디자인을 입혀 한 권의 책으로 둔갑하는 과정을 지켜보노라면 꼭 마술쇼를 보듯 흥미진진했다.

당시 문학아카데미의 3층 회의실은 물류 창고를 겸했는데, 삼면을 빙 둘러 바닥부터 천장까지 철재로 짜 넣은 서가는 낡아가는 책 덩이로 가득했다. 데뷔했지만 무명이나 다름없는 시인들의 시집은 도통 팔리지 않아 오랫동안 벽을 이루다가 3개월, 6개월, 1년 등 일정한 기간이 지나면 파지가 되어 실려 나갔다. 창고 정리는 물류 담당자의 몫이었지만 나는 그 일을 자청했다. 창고를 정리하는 날이 오면 3층에 뛰어 올라가 누렇게 변색한 파지용 시집을 골라냈다. 처음엔 표지만 훑고 버리기 바빴는데, 어느 날엔가 시집을 내던지던 손이 떨렸다. 아마도 본문 안쪽에 실린 시를 읽어 버린 순간이었을 것이다. 아래층에 내려가 잡지 마감에 몰두하고 계신 박 시인께 여쭸다. "선생님, 저 시집들 한 권씩 가져가서 읽어도 될까요?"

박 시인은 돋보기안경 너머로 나를 힐끗 보시고는, 즐겨 태우는 담배를 입에 문 채로 "그러렴." 하고 흔쾌히 허락하셨다.

아침 출근 전철 안에서 한 권, 퇴근 버스 안에서 한 권, 매일 두 권의 시집을 밑줄을 그어가며 읽었다. 대학에서 즐겨 읽던 무겁고 관념적인 언어가 아니라 보통의 삶을 노래하는 언어라서 이해하기 쉽고 몰입도가 빨랐다. 시인들이 일상의 어느 순간, 어느 대목에서 메타포를 발견하는지 힌트를 얻고 나자 세계가 모두 시적 제재題材로 변하는 마법을 경험했다. 뒤늦게 시심을 불태우는 이들의 언어는 눌러도 눌러지지 않는 삶에 대한 환희로 가득했고, 언어적 말놀이 이전에 삶의 민낯들이 포장 없이 뿜어져 나왔다. 담백하면서도 정직한 그들의 언어는 내게 깊은 영감을 불러일으켰다.

문학아카데미 시선을 필두로 세상이 주목하지 않는 시들에 몰입하기를 반년, 집과 일터를 오가며 읽은 시집이 500권을 넘어서자 놀라운 일들이 펼쳐졌다. 그해 겨울 한국일보 신춘문예 시 부문 최종심에 이름이 거론되더니 이듬해 동아일보 신춘문예에 당선된 것이다. 급작스레 마주한 일들에 아연실색했지만 한 가지만은 분명했다. 나를 키운 건 팔할이 무명의 언어였다는 것. 세상이 주목하지 않을 뿐 당당한 이름이 있고, 문단의 주인공이 되지 못할 뿐 저마다의 삶에서 주인의식을 잃지 않은 언어들의 힘이었다는 것. 내가 에디터가 아니었다면 결코 알 수 없었을 세계다.

## 몰입의 힘, 각성의 순간

문학을 공부하려고 들어간 대학에서도 트이지 않던 시詩의
눈이 돈을 버는 일터에서, 8개월 남짓 압도적으로 읽고 몰입
했을 때 트였던 경험은 내게 어떤 지향점처럼 남아 있다. 당시
경험한 것이 '플로우flow'라는 것을 안 것은 훗날의 일이다. 긍
정심리학을 제창한 미하이 칙센트미하이에 따르면 지금 하는
일에 의식이 고도로 집중되어 다른 일에는 아무 관심이 없는
몰입 상태가 바로 플로우다. 이 상태에 이르면 일종의 오르가
슴과 비슷한 쾌감과 행복감이 수반되기 때문에 그것을 경험
한 사람은 어지간한 제약과 고생을 감내하면서까지 그것을
계속 유지하려 든다.[21] 한국의 재료공학자 황농문 교수도 7년
동안 절정의 몰입 상태에서 수행한 연구 경험을 바탕으로 몰
입적 사고가 두뇌를 최대로 활용하고 자신이 상상하는 최고
의 인생을 사는 방법임을 증명한 바 있다.[22] 이 '각성의 순간'
이야말로 내 삶에서 진짜 공부가 시작된 순간이었다. 그 압력
과 임계점을 만들어 내는 일은 순전히 자신만이 할 수 있다는
자각은 자기주도 공부의 깊고 넓은 세계로 나를 이끌었다.

이후 지식을 위한 지식보다는 삶을 위한 지혜에 방점을
두기 시작했다. 텍스트에서 사람이 느껴질 때 집중력과 몰입

감이 최고조에 이른다는 사실도 알게 됐다. 인문학 총서와 문고를 만들던 시절에 난해하고 복잡한 철학의 전모를 빠르게 파악하는 한 방법으로 저자의 전기나 자서전을 먼저 찾아 읽은 것도 이 때문이다. 그들 삶의 어느 국면에서 개념과 이론 또는 작품이 '터져 나왔는지'를 파악하면 이해와 공감의 길이 쉽게 열렸다. 그렇게 전기나 자서전을 읽다가 빠져들어 사숙私淑한 지성이 여럿이다.

사실 타인의 원고를 읽는 일은 해를 거듭해도 좀처럼 수월해지지 않는다. 동시대를 살지도 않고 같은 언어를 쓰지도 않는 존재들의 말은 외계어나 다름없기 때문이다. 탁월한 지적 생명체가 평생에 걸쳐 탐구한 세계를 한국의 무명 에디터가 며칠 만에 이해하고 정리해서 콘셉팅하고 마케팅하는 일이야말로 기적이다. 다만 경험상 그들의 사유와 작품 세계를 그들의 삶과 함께 독해할 때 기적이 시작됐으며, 동서와 고금의 한계를 뛰어넘어 생생하게 살아 숨 쉬는 고전의 진짜 얼굴을 만날 수 있었다. 천재天才를 발휘하고 싶다면 천재들의 생각(책)을 읽으라는 말은 온당하다.

공부가 삶의 도구가 아니라 목표여야 한다는 관점은 학자뿐만 아니라 에디터에게도 중요하다. 공부하는 태도를 장착한 에디터는 업무 스타일도 탐구적이다. 탐구하듯 목적성을 갖고 일할 때 전문가와 대중을 연결하는 지난한 일에서 즐거움을 느낄 수 있으며, 책상에서 쌓아 올린 관념의 세계와 책상 바깥에서 펼쳐지는 실재의 현장을 매칭할 수 있다. 삶이 결부되는 한 어떤 언어, 어떤 지식이라도 사소하지 않다.

평생에 걸쳐 공부(해야)한다는 점은 같아도 에디터의 공부는 학자의 공부와 결이 다르다. 에디터는 한 권의 책을 만들기 위해 수십 권의 책을 읽고 수백 편의 콘텐츠를 참조한다. 학자는 공부 대상을 확정하면 평생을 몰입하지만 에디터는 공부 대상이 2~3개월 단위로 바뀐다. 나아가 방랑 기질이 강한 사람은 분야와 조직을 바꾸며 이리저리 흘러다닌다. 그러다 보면 에너지가 방전되고 방향을 잃기 쉽다. 이런 때 에디터는 책을 통해 다시금 전열을 가다듬는데, 나는 앙토냉 질베르 세르티양주의 《공부하는 삶》을 자주 펼쳐 읽는다. 저자는 공부란 비범한 사람에게나 평범한 사람에게나 성스러운 의무이며, 지적인 삶을 사는 데는 매일 두 시간이면 충분하다고 조언하며 공부할 여유가 없는 사람들에게 강한 동기를 부여한다. 공부를 삶의 목적이 아닌 일의 수단으로 삼다가 길을 잃어버린 것은 아닌지 성찰하다 보면 다시 누군가의 언어를 읽고 그들의 책을 만들고 싶다는 본원적인 욕망이 꿈틀댄다.

'천재성이란 오랜 인내'라고 할 때 그 인내는 조직적이고 총명한 인내여야 한다. 어떤 공부를 해내는 데에 비범한 재능이 필요한 것은 아니다. 평균 정도의 자질만 있어도 충분하다. 나머지는 에너지와 그 에너지를 현명하게 사용하는 데에 달려 있다. 정성을 들이며 착실히 일하는 노동자처럼 에너지를 써야 한다. 그 노동자가 어딘가에 도달하는 동안 독창적인 천재는 대개 쓰라린 낙오자로 남는다. (…) 그들은 다른 이들보다 각자의 소명으로 성별聖別되는 사람이어야만 한다. 그들이 평생에 걸쳐 이 소명을 수행할 수 없는 처지라면, 적은 시간에 집중해서 수행해야 한다. 지적인 일을 하는 이의 특별한 금욕주의와 영웅적 덕목이 그들 일상의 일부가 되어야 한다. 그들이 이 두 가지 자기 봉헌에 동의한다면 나는 그들이 용기를 잃지 않도록 신의 이름으로 진리를 알려줄 것이다.[23]

나는 상아탑을 흠모하지만 상아탑 바깥에 더 관심이 많다. 잡식성이라 만사에 관심이 많아 우선순위를 잘 가려내지 못하는데, 이런 면모조차 에디터에겐 개성이 되고 출판의 다양성으로 이어진다. 일과 삶이 서로를 결박할 때 진짜 공부가 시작된다는 걸 알게 된 스물넷 이후로는 인생이 하나의 거대한 시험지 같아서 세상의 모든 시험과 점수로 계층화되는 구조를 무시하고 살았다. 내 안의 질문과 그 질문을 자극하고 확장하는 세상의 지혜에 고갤 숙였다. 공부하는 태도만큼은 잃어버리지 않고 꾸역꾸역 걸어왔더니 '공부에 관한 공부'의 책이 다가왔다. 일본 철학계의 신성新星 지바 마사야 선생의《공부의 철학》으로, 정처 없이 떠돌던 나의 편집 생활을 비로소 긍정하게 해준 멘토와도 같은 책이다.

## 자기 혁신을 동반하는 공부

2016년, 독자의 실용적 필요를 인문적 주제와 접목하기 위해 다시 책세상으로 돌아갔다. '성장'을 원하는 마음이나 '성공'을 원하는 마음은 결국 하나인데 출판 시장에서 인문학 독자와 자기계발 독자가 반응하는 어법은 천지 차이임을 유념했다. 대중이 접근하기 쉬운 심리학과 함께 공부법이나 메모법 등 성장과 성공의 도구들을 검토하던 중이었다. 곤도 마리에의 '정리' 시리즈를 우리말로 옮긴 홍성민 선생님께서 일본을 자주 오가며 직접 일서를 발굴한다는 이야기를 듣고는 부탁을 드렸다. 성실한 선생님은 얼마 지나지 않아 따끈따끈한 책 정보를 보내 주셨다. 그 목록에서 단연코 눈에 띈 책이《공부의 철학》이었다. 들뢰즈와 데리다, 메이야수 등 프랑스 현대 철학 연구로 박사 학위를 받은 젊은 철학자가 쓴 메타 자기 계발서로 홍보 문구마저 이색적이었다. "인생의 근저에 혁명을 일으키는 깊은 공부, 그 원리와 실천! 공부는 이전까지의 자신을 잃어버리고 변신하는 것이다. 그러나 사람은 변신을 두려워하기 때문에 공부를 두려워한다."

자신을 잃어버리는 공부라니, 당장 읽고 싶어 손가락이 근질거렸다. 서둘러《공부의 철학》원서 서지 정보를 갈무리해 평소 자주 연락하는 에이전트에게 판권 조회를 의뢰했다. 타이틀 오퍼offer 의사도 미리 꾹꾹 전달했다. 먼저 찜해 둔다고 그 책이 내게 올 리 만무하지만 때로는 에디터의 적극성이 에이전트와 저작권자의 마음을 움직이기도 하는 법. 예상대로《공부의 철학》신간 정보가 국내에 오픈되자 여러 출판사가 관심을 보였다. 오퍼 마감일이 빠르게 정해지고 경매가 시작됐다. 일본 출판사는 한국에 독점 에이전시를 두지 않아 어느 에이전시를 통해 어느 출판사가 판권을 가져갈지는 아무도 예측할 수 없었다. 그래도 나는 신실한 에이전트와 책세상의 백리스트를 믿었다. 문예춘추라면 수십 년에 걸쳐 루소, 니체, 릴케, 카뮈 전집 등을 내며 인문 출판의 길을 뚝심 있게 걸어온 책세상을 알아볼 거라고 생각했다. 판권을 확보할 때는 선인세가 관건이지만 돈보다 출판 브랜드를 더 고려하는 저작권사도 있다는 걸 알았다. 양서를 내는 곳일수록 더. 책세상 또한 임원과 실무진 모두 우리가 잘 만들어 팔 수 있는 책이라는 결론을 내렸고, 외서 확보에 무리한 비용을 쓰지 않는다는 원칙을 잠시 내려놓고 최선을 다해 베팅했다. 그렇게《공부의 철학》한국어판을 편집할 기회를 잡았다.

몇 개월 후 우리말로 번역된《공부의 철학》을 읽어 보

니 예상보다 더 깊고 래디컬한 책이었다.[24] 기존의 공부법 도서와 차원이 달랐다. 암기와 이해 사이 어디쯤을 오가며 공부 스킬을 열거하는 단순 실용서가 아니었다. 철학적 원론과 자기계발적 방법론이 수미쌍관을 이룰 뿐만 아니라, 기존 공부법의 통념을 전복하는 메타적 성격이 강한 책이었다. 공부란 무엇이고 왜 필요한지, 어떻게 해야 남들과 차별화할지 자기 분석적으로 사유하는 책이자, 그런 공부를 위해 저자 자신의 방법론을 아낌없이 전수하는 책이었다. 철학자가 썼으니 철학책이 맞는데 '공부'에 대한 철학이다 보니 인문학도가 아니어도 두루 관심을 가질 만했다. 만인의 니즈와 원츠를 건드리는 책은 셀러가 될 가능성이 크다. 여기저기 빈번히 노출돼 사람들의 입소문을 탄다면 더 그렇다.

마케팅 부서와 협의해 SNS 채널 홍보에 집중하기로 했다. 그중에서도 철학을 공부한 김겨울 씨가 운영하는 유튜브 채널 '겨울서점' 리뷰에 공을 들였다. 조회 수나 슈퍼챗에 연연하지 않는 김겨울 씨는 예상대로 이 책의 진가를 알아봤고, 실용서의 얼굴로 급진적이고도 근본적인 질문을 던지는 철학책의 양가성을 예리하게 잘 짚었다. 오래지 않아 온오프라인에서 모두 반응이 왔다. 지바 마사야 선생을 직접 인터뷰한 기사와 호의 서린 서평이 일간지에 실렸다. 여러 서점에서 '화제의 도서', '이달의 책' 등으로 선정해 중요 매대에 진열해 주었다. 중쇄를 찍고 베스트셀러 목록에 오르고 손익분기를 넘기는 등 일련의 과정이 모두 흥미진진했는데, 무엇보다 오래 잠행 중이던 나의 일에서 뭔가 실마리를 찾은 기분이 들어 기뻤다. 좋은 책을 만들어 많이 팔겠다는 이상론이 불가능한 것만은 아니며, 지식의 최전선에서 근본을 고민하는 저자는 대중에게 그 활용법도 제시한다는 걸 확신하게 됐다.

1997년 IMF 외환위기와 2008년 세계 금융위기의 쓰나미가 한국을 덮치는 동안 나의 이삼십 대는 열악한 일터에서 저물었다. 한창 공부할 시기를 놓친 까닭인지 늘 지적 허기에 시달렸고 그것이 콤플렉스로 굳어지는 게 싫어 대학원에도 진학했는데, 마음껏 읽고 쓸 수 있는 환경이 마련돼도 지적 허기는 채워지지 않는다는 사실이 아이러니했다. 그때는 '허기' 자체가 공부의 동력이 된다는 사실을 알지 못했다. 타인의 지식은 쌓는 게 아니라 버리는 것이며, 그때라야 자신의 지혜로 무르익는다는 사실도 몰랐다. 이런 것들을 사람들과 부대끼며 책을 만들면서 터득했다. 나의 진짜 공부는 일터에서 시작되었고 일터에서 깊어졌다. 일터라는 제약이 있어서 진짜 공부가 가능했다.

## 노동의 조건을 설계하는 법

"book smart", 영미권에서 헛똑똑이를 가리킬 때 자주 쓰는 표현이라고 한다. 일리가 있다. 책이 세상의 모든 것을 수렴하는 깔때기 같아도 책상 너머 세상은 실제로 얼마나 광대무변한가. 그래서 인류는 개개인의 삶, 경험, 지식, 지혜를 한 권 한 권 꿰어 백 년을 천 년, 만 년으로 이어가는 지혜를 발휘한 것이 아닐까. 그런 점에서 인간은 답보하지만 역사는 진보한다는 노무현의 말은 일리가 있다. 한 권의 책은 왜소하지만 수천 년간 이어져 온 책의 역사는 호모 사피엔스가 존재하는 이유를 증명한다. 책을 만드는 것이야말로 오로지 인간의 일, 가장 인간다운 일이라는 믿음을 나는 갖고 있다.

## 텍스트 너머를 관조하기

생각을 편집하고 삶을 디자인하는 에디터의 일은 존중받아 마땅하다. 스피노자의 말처럼 모든 고귀한 것은 어려울 뿐만 아니라 드물다.[25] 그러나 21세기 자본주의 시대의 편집 현장은 대접받는 자리가 아니다. 낭만은 사라진 지 오래다. 팔리는 책을 못 만드는 에디터는 6개월도 버틸 수 없다. 대박을 터뜨릴 수 없다면 소박에 해당하는 책들을 기계처럼 찍어내야 한다. 자본주의의 약탈과 흡혈의 논리는 출판업에도 깊숙이 배어들어 있다. 출판사 간의 빈익빈 부익부 현상은 나날이 심화돼 자본력이 약한 소규모 출판사의 편집장은 나이 마흔을 넘어서면 연봉을 동결하든가 스스로 물러나야 한다. 그런 대접을 받고 싶지 않다면 책으로 돈을 복사하는 기술을 장착해 경영자가 절대 놓치고 싶지 않은 아이템 기계가 돼야 한다.

양서를 만들고 팔기 위해 밤낮을 잊은 에디터와 마케터 등이 30여 년 동안 어렵사리 구축한 브랜드를, 금융 자본의 논리를 내면화한 냉정한 경영자가 계산기 몇 번 두드린 뒤 3년도 못 되어 완전히 무너뜨리는 현장을 지켜본 적이 있다. 나 또한 그 현장에서 쫓겨나듯 떠밀리는 지옥을 경험했고 마음 깊이 내상을 입었다. 편집 일에 대한 자부심으로 버티던 나조차 방어적 태도가 깊게 스며들어 어떤 일을 해도 온전히 기쁘지 않고 누구를 만나도 움츠러든 어깨를 펴기 힘들었다. 우리가 책을 통해 생산하는 의미와 가치와 실천(실용)의 사슬이 우리의 인권이나 노동권, 급여, 복지 등을 보장하지 않는다면 우리의 노동은 계속될 수 있을까? 계속되어야 할까? 쉽게 답할 수 없는 날들이 이어지자 속이 곪아들어 갔다.

출판계를 완전히 떠날 궁리를 했다. 생면부지의 땅 제주로 내려가 감귤농장 인부로 일하면서 제2의 인생을 도모했다. 그러던 중 내가 책을 만든 햇수만큼이나 오래 농사를 지은 사람들의 경이로운 몸을 보았다. 그들의 몸에 밴 기술을 한동안 질투하다가, 땅에서는 땅과 작물을 가장 잘 아는 농부가 빛이 나듯이 나 또한 내가 가장 잘하는 일을 할 때 빛이 난다는 사실을 아프게 받아들였다. 두 발로 농장을 누비고 두 손으로

과일나무를 어루만지며 종일 보내다 돌아오면 아무리 피곤하고 눈이 감겨도 SNS에 그날의 소회를 적고 있는 스스로를 발견했다. 그렇게 언어적 갈무리를 해야 하루를 온전히 살아냈다는 느낌이 들었다. 새벽달이 뜬 농장과 저녁별이 총총히 박힌 돌집을 볼 때면 핸드폰 카메라를 들이대며 자연이 뿜어내는 아름다움에 탄성을 지르는 나를 보았다. 발견하고 표현하고 공유할 때 내 영혼이 반짝거렸다. 나는 풀었던 짐을 싸서 다시 서울로 돌아왔다. 잘하고 좋아하는 일을 되찾기 위해.

서울로 돌아온 뒤 그동안 써온 편집 노트를 한 장 한 장 넘겨보았다. 마음에 서린 분노를 다스리기 위해 글을 쓴 날이 있는가 하면 터져 나오는 기쁨을 감추지 못해 글을 쓴 날도 있었다. 책들이 널리 전파되기를 바라며 편집 과정 내내 기도하듯 마음을 가다듬던 날도 있었다. 어떤 순간, 어떤 일에서도 의미와 가치를 부여하며 텍스트 너머를 관조하기 위해 애쓰는 나의 몸부림을 보았다. 에디터가 아니었대도 이랬을까? 사람의 일과 세계의 운행을 함부로 단정하지 않기 위해 어휘를 고르고 태도를 고민하던 순간들이 떠올랐다. 물리학자 김상욱에 따르면 인간이란 의미 없는 우주에 의미를 부여하고 사는 존재다. 비록 그 의미라는 것이 상상의 산물에 불과할지라도.

지구가 태양 주위를 도는 것은 기쁜 일도 슬픈 일도 아니다. 아무 의미 없이 법칙에 따라 그냥 도는 것뿐이다. 물체가 1초에 4.9m 자유낙하하는 것은 행복한 일일까? 4.9라는 숫자는 어떤 가치를 가질까? 4.9가 아니라 5.9였으면 더 정의로웠을까? 진화의 산물로 인간이 나타난 것에는 어떤 목적이 있을까? 공룡이 멸종한 것에 어떤 의미가 있을까? 진화에 목적이나 의미는 없다. 의미나 가치는 인간이 만든 상상의 산물이다. 우주에 인간이 생각하는 그런 의미는 없다. 인간은 의미 없는 우주에 의미를 부여하고 사는 존재다. 비록 그 의미라는 것이 상상의 산물에 불과할지라도 그렇게 사는 게 인간이다. 행복이 무엇인지 모르지만 행복하게 살려고 노력하는 게 인간이다. 인간은 자신이 만든 상상의 체계 속에서 자신이 만든 행복이라는 상상을 누리며 의미 없는 우주를 행복하게 산다. 그래서 우주보다 인간이 경이롭다.[26]

## 지속 가능한 편집을 위하여

사람을 발견하는 기쁨, 사람과 교류하는 기쁨, 자신도 미처 몰랐던 가능성과 잠재성을 타인에게서 끄집어내는 기쁨, 그 불가지不可知의 영역을 가지의 영역으로 변화시키는 기쁨, 그리하여 종국엔 그 기쁨을 모두의 것으로 돌려 공유하는 기쁨이 있다, 출판이라는 일에는. 그간의 기록을 돌아보면서 내가 이런 기쁨을 내려놓고 살 수 있을지 의문이 들었다. 아울러 내 앞을 가로막는다 생각했던 사람과 사건이 모두 이 마음을 강하게 심어 주기 위해 찾아온 화신처럼 느껴졌다. 이런 인식에 이르자 무엇도 준비된 것이 없건만 모든 것을 다 이룬 듯 벅찬 감정이 스멀거렸다. 흔들리고 꺾이고 주저앉는 일들의 연속이 '인간의 삶'이라면 다시 일어나 걷고 뛰고 날아오르는 것은 '인간의 일'이었다.

에디터로서 강한 내면에 이르기 위해 내겐 24년의 예비기간이 필요했다. 더는 뒤로 물러날 곳이 없다. 그래서 앞으로 나아갈 일만 남았다. 이제 편집은 내가 원해서 선택한 최초의 일이 됐다. 일생을 투신할 만한 가치가 있는 노동을 만나기는 쉽지 않다. 평생 유지하기는 더 어렵다. 본인의 노동에서 일생을 투신할 만한 가치를 발견했다면 그것이야말로 진정한 보상일 것이다. 좋아하는 일을 포기(당)하지 않으려면 일의 기준과 규칙이 필요하다. 타인이 제시하는 규칙이 아니라 스스로 정립하는 규칙. 조직의 일원으로 노동했을 때 저질렀던 실수와 과오를 반복하지 않기 위해 아래 여섯 가지를 일의 근본으로 설정했다.

① 일의 의미와 자부심을 잃지 않는다. 주변에서 어떻게 평가하든 나의 일을 평가절하하지 않는다. 그러기 위해 자존감 있

는 동료들과 느슨한 연결을 유지하며 서로를 동기부여하고 칭찬과 격려를 아끼지 않는다. 사람과의 다정한 대화를 즐긴다.

② 일에 매몰되지 않는다. 자정을 넘겨 새벽까지 책상 앞에 앉아 나를 양초의 심지처럼 불태우지 않는다. 무리해서라도 마감할 일이 생긴다면 마감 후에는 반드시 이완의 시간을 갖는다. 영화관에 가거나 맛있는 음식을 먹거나 가벼운 여행을 다녀온다. 나아가 3년, 5년, 10년 단위로 안식휴가를 쓴다.

③ 체력을 키운다. 일을 꾸준히 하기 위해 규칙적으로 읽고 쓰며 뇌를 단련하는 일 못지않게 운동, 등산 등으로 몸을 단련한다. 매일 한 시간 이상 명상과 스트레칭을 통해 정신을 이완하고 일주일에 두세 번 산에 올라 근육과 호흡량을 키운다.

④ 일과 별개로 흥미 있는 분야를 꾸준히 공부한다. 히브리어와 라틴어 등을 익혀 고전 원문을 강독한다. 그렇게 공부한 언어로 낯선 사람과 새로운 세상을 만난다. 언어는 하나의 세계다. 한 생에서 여러 세계를 동시다발로 사는 법을 포기하지 않는다.

⑤ 시간과 돈을 함부로 쓰지 않는다. 꼭 필요한 경우에만 보물처럼 꺼내 쓴다. 환경에 휘둘리지 않는 가장 기초적이면서 강력한 길이 숫자를 통제하는 일이라는 사실을 유념한다. 더불어 숫자를 혐오하지 않는다. 사랑하고 아끼되 차고 넘치는 숫자는 후원과 기부로 공공화한다.

⑥ 사람에 대한 믿음을 버리지 않는다. 사람 안의 다양한 얼굴을 인정하고, 지나친 기대와 실망을 내려놓는다. 존재는 하나의 세계다. 나의 세계를 풍요롭게 일구는 지름길은 사람과 부대끼는 현장에 있음을 잊지 않는다.

일의 원칙을 스스로 정립하고 수행하는 가운데 경제적 자립과 지속 가능한 출판을 실현하는 일이 말처럼 쉽진 않다. 그러나 지금이 아니면 영영 요원하다는 것 또한 잘 안다. 에디터는 자기 노동의 A부터 Z까지 전 과정을 들여다보고 통제할 수 있는 몇 안 되는 직업 중 하나다. 개인의 노동이 개인의 철학과 취향과 습관과 함께 톱니바퀴처럼 매분 매초 맞물려 돌아간다. 이 과정에서 에디터가 자신의 내적 에너지에 온전히 집중함으로써 책다운 책이 만들어진다는 점은 거부하기 어려운 매력이다.

이 장은 김담유 작가와 이다혜 에디디의 대화로 구성돼 있다. 경력 에디터와 주니어 에디터의 대담을 통해 출판 편집의 현재와 미래를 논했다. 이다혜가 묻고 김담유가 답했다. 대담은 2023년 3월 서울 을지로에서 진행됐다.

5 에디터가 에디터를 만나다

## 읽는 사람에서 읽히는 사람으로

늘 편집을 하는 입장이었는데 처음으로 담당 에디터가 생겼다.

전문 에디터에게 관리받는다는 사실이 좋았다. (웃음) 편집론을 다룬 이 책만큼은 꼭 좋은 에디터를 만나 숙련된 조언을 들으며 완성하고 싶었다. 아무래도 '에디터의 일'에 관한 책이지 않나.

읽는 입장에서 읽히는 입장이 되며 두렵진 않았나.

2006년에 시집을 낸 적이 있다. 꽤 오랜만에 두 번째 책을 발표한다. 두렵지 않다면 거짓일 것이다. 지난 3년간 일을 쉬고 글쓰기에만 집중하면서, 저자의 일과 에디터의 일이 다르다는 걸 다시금 체감했다. 아울러 문학 작품을 발표하는 것과 직업 에세이를 쓰는 것도 결이 퍽 다르다고 느꼈다. 에디터의 일을 논하는 이 책은 대중을 향해 있다 보니 타인이 내 글을 어떻게 받아들일지 가늠자 역할을 할 첫 독자의 눈이 필요했다. 그래서 '나의 에디터'를 간절히 열망했던 것 같다. 아울러 함께 책을 만들며 동고동락했던 선후배 동료들을 기억하고 이 일을 막 시작한 젊은이들을 상상하는 시간이기도 했다.

**후배들을 염두에 두고 무엇에 집중하며 썼나.**

이 길을 즐겁게 그리고 오래 걸을 사람에게 나침반 역할을 해줄 키워드를 찾는 데 공을 들였다. 우선 관련 서적을 두루 조사했다. 에디팅에 관한 책들이 과거에 비해 많이 나왔더라. 출판편집론, 출판제작론, 실무 매뉴얼 외에도 베테랑 에디터들의 에세이가 쏟아지고 있고 해외 양서도 다수 번역됐다. 이제 국내에도 '좋은 편집'에 관한 담론이 제법 형성된 것 같다. 그럼에도 여전히 에디터의 목소리는 위축돼 있고 드러내길 꺼리는 경향을 느꼈다. 책 만드는 과정을 소개하면서 편집 노하우를 다룬다면 쓰임새가 제일 요긴하겠지만, 방법론보다는 원론을 다루면서 보다 넓은 층위에서 독자들과 소통하고 싶었다. 무엇보다 에디터만의 목소리가 도드라지길 바랐다. 그래서 자기 고백적인 경험담에다 나만의 인사이트를 얹어 일 욕구가 강한 젊은 친구들에게 전달해야겠다 싶었다. 정말로 도움이 될진 모르겠지만. (웃음)

**그러다 보니 정보를 드라이하게 준다기보단 작가 본인의 이야기를 편안하게 들려 주는 톤이 됐다. 저도 에디**

터로서 고민이 많았던 부분인데, 작가만의 결과 북저널
리즘 종이책 시리즈의 담담함 사이에서 중간 지점을 찾
느라 고심했던 것 같다.

그 고충을 충분히 공감한다. 이 원고를 쓰기까지 우여곡절이
많았다. 에필로그에도 적었지만 건강 악화로 에디터로서나
독자로서 읽는 일이 힘들어진 시기가 있었다. 위기감이 컸다.
읽는 일이 직업인 에디터로 더 살아갈 수 있을지 고민할 수밖
에 없었는데 내 안에서 이 일을 포기하고 싶지 않다는 강한
열망을 발견했다. 그때 이 원고를 쓸 결심을 했다. 읽기를 막
배우기 시작한 아이처럼 천천히 관련 도서를 찾아 읽으면서
글감을 선별해 나갔다. 여기에 1년이 걸렸고 이후 초고 쓰는
데 6개월, 퇴고하는 데 6개월, 그렇게 1년이 더 흘렀다. 이왕
시작한 일, 용기를 내 SNS와 온라인 콘텐츠 플랫폼 몇 군데에
글을 연재했다. 일반 독자도 '책 만드는 사람의 일'에 관심이
있을까? 이렇게 고리타분한 글도 읽어 주는 사람이 있을까?
궁금했는데 놀랍게도 내가 진지하게 말을 거니 진지하게 응
답하는 독자가 있더라. 편집을 떠나서 자신의 일을 종합적으
로 돌아보고 통찰하려는 의지가 멋지다고 응원해 준 분도 있
었다. 나를 발견해 준 사람들의 '눈'이 고맙고 신기하다.

재밌게 읽었다고 댓글을 단 기억이 난다. 편집이란 작업의 속성을 많이 고민할 때라 공감하며 읽었다.

댓글 읽고 큰 힘이 됐다. 내겐 독자의 반응이 필요했다. 한동안 내면에 몰입해 있다 보니 자기 과잉이랄지 톤이 좀 강했고, 그래서 네 글엔 독자가 없다는 혹평도 들었다. 톤 조절이 안 된 채로 출판 시장에 내놓으면 독자와의 접촉면이 약해질 거라고 보았다. 다행히 적재적소의 에디팅이 붙으면서 열두 편의 글을 네 가지 테마로 분류하고, 긴 호흡의 글을 소절로 나누고, 에피소드들의 과잉이나 결핍을 보완했다. 완성된 원고를 보니 한결 가지런해진 것 같다. 저자에겐 에디터가 반드시 필요하다는 사실을 몸에 새기는 시간이었다.

편집의 팔할은 덜어내는 과정 아닌가. 오랜 시간 공들여 쓴 글인데, 축약하고 수정하는 과정이 속상하진 않았나.

내가 공들인 대목마다 콕 집어 줄이거나 삭제하자는 에디터의 메모를 보고 '귀신 같다'고 생각했다. (웃음) 멀쩡한 한국말 놔두고 외래어를 제안할 땐 근심이 깊어지기도 했다. 단행본 출판, 특히 인문서 편집은 한자어를 포함해 우리말 쓰기를 고수한다. 그게 직업 윤리다. 가령 나는 '생활 양식'이라 썼는데 에디터는 '라이프 스타일'로 고쳐 달라는 거다.

> 제게 '생활 양식'과 '라이프 스타일'은 완전히 다른 단어다. 생활 양식이란 말은 주로 교과서 혹은 역사 박물관 소개글에서만 봤다. (웃음)

X세대인 내겐 이 단어가 더 익숙할 뿐만 아니라 직업상 옳은 표현이다. 하지만 잠정적 독자인 MZ세대 에디터의 의견을 받아들여 '라이프 스타일'로 고쳤다. 글로벌 디지털 문화에 익숙한 MZ세대에겐 '생활 양식'이야말로 고어이자 사어겠구나 싶더라. 그런데 '편집'을 '에디팅'으로, '편집자'를 '에디터'로 전부 바꾸자 할 때는 정말 고민이 깊었다. 보통 편집과 기획을 다른 일로 보지만 내가 경험한 바로는 편집editing은 생래적으로 그 안에 기획planning·managing을 품고 있다. 아울러 현실의 편집자는 기획과 편집뿐만 아니라 제작, 홍보, 마케팅까지 두루 커버한다. 해서 '편집' 또는 '편집자'라는 말을 더 적극적으로 해석하고 널리 알리려는 강한 의지가 있었다. 하지만 이 단어의 허들이랄까 벽이랄까 그걸 염려하는 에디터의 조언에 결국 수긍했다. 책 만드는 과정엔 저자로서 고집하는 부분과 에디터로서 제안하는 부분이 상충하기 마련이고, 그 사이에서

절충점을 찾아가는 과정이 책 만드는 일의 묘미인 듯싶다. 이걸 잘 통과하면 내 원고가 모두의 책이 된다.

> 편집하는 사람으로 수십 년을 일해 왔으니, 에디터의 고집에 끝까지 강경하게 주장하진 못했겠다. 원고를 주고받는 과정에서 에디터에 대한 배려가 느껴지는 지점들이 있었다.

누군가의 글을 읽으면 표면에 드러난 메시지 외에도 느껴지는 바가 있다. 의도나 태도 같은 것. 텍스트를 오래 많이 접하다 보면 문장 하나만 읽어도 글쓴이가 어떤 생각, 어떤 정서를 품고 있는지 가늠된다. 에디터가 교정 파일에 남긴 메모를 읽을 때면 해당 부분이 그냥 거슬려서가 아니라 나름 고투하며 결론을 낸 뒤 수정안을 제안했다는 게 읽혔다. 무엇보다 독자 입장에서 내 원고를 품평해 줘서 고마웠다. 한참 어린 후배 에디터지만 어쩌면 그 시절 내가 결코 갖지 못했던 유연한 사고와 태도로 일하는 모습이 멋져 보였다. 그래서 메모 하나하나를 꼼꼼히 읽고, 나의 것을 잃지 않으면서 당신의 것을 받아들이는 지점에 대해 오래 궁리했다. 어떤 대목은 에디터의 제안을 따라 싹둑 잘라 버리니 홀가분해지기까지 하더라. (웃음)

## 좋아하는 일을 지속하는 방법

저를 보며 함께 일했던 동료들, 가르쳤던 후배들이 많이 떠오르셨을 것 같다. 그들은 지금 어디서 무엇을 하고 있나?

출판 에디터는 보통 3년, 5년, 10년 단위로 전환점을 갖는 것 같다. 3~5년 차는 동종 업계에서 이직이 잦고 10년 차는 전직이 많다. 그 이상 버텨 편집장이나 편집주간, 본부장 등 조직에서 중요 직책을 맡는 사람은 소수다. 수습 시절부터 함께했던 후배들은 이제 어엿한 팀장급으로 성장했는데 또래 에디터나 선배들은 조직을 많이 떠났다. 그중 일부는 출판사를 차렸고 나도 그렇다.

자의든 타의든, 이 업계에 오래 있지 못하고 떠나는 사람들이 많은 듯하다.

요즘 업계 얘기를 들어보면 명퇴가 빨라지고 있다. 내가 한창 배우던 시절에는 50~60대도 실무에 몸담는 사람이 많았다. 이젠 40대 초반이면 자타의로 물러나 경력을 전환한다. 했던 일들을 바탕으로 유사 업종으로 이직하거나 번역하거나 글을 쓴다. 아예 업종을 변경해 자영업을 시작한 사람도 있다. 젊은 분들은 전망 좋은 IT 업종이나 디지털 콘텐츠 분야로 빠르게 옮기기도 한다.

아예 다른 일을 하는 사람도 있나?

동료 중에 농부로 전향한 사람이 있다. 제주로 내려가 감귤 농사를 짓는데, 에디터 출신이라 그런지 귤이라는 상품을 알리는 방법이 다르더라. 무슨 일이든 기획력이 필요하지 않나. 사업의 방향성을 담아 농장 이름을 짓는가 하면, 감귤 농사에 스토리를 입히고 구독 서비스를 만들어 크라우드 펀딩까지, 에디터가 그러하듯 자기 일을 한 줄로 꿰어 일관성 있게 알리더라. 기존 유통망에만 기대지 않고 과수원과 소비자를 적극 연결하면서 귤이라는 상품에 자기 정보값을 더하는 모습을 보니 이게 에디팅이다, 싶었다.

한때는 조금이라도 좋아해서 시작했던 일일 텐데. 지속하지 않는 이들은 왜 그럴까?

여러 이유가 있을 것이다. 적성이 맞지 않는다거나 업계에 비전이 보이지 않는다거나. 한 가지 분명한 건 에디터들의 수명이 짧아지고 있다는 거다. 구조적으로 소진되는 거다. 당연하다. 현 출판계는 에디터에게 상당히 여러 가지 역할을 요구한다. 그에 비해 대우는 부실하다. 주로 책이 안 팔린다는 이유다. 2000년대 초반 수습 시절의 나는 좋은 저역사를 만나 작업하는 것 자체가 좋아서 연봉 협상, 복리 후생 따위를 고려하지 않았다. 박봉에다 연차도 마음대로 못 쓰고 거의 매일 야근했다. 마감하느라 36시간 동안 집에 들어가지 못한 경우도 있었다. 그렇게 10년을 일하자 건강이 급격히 나빠지더라. 본가로 내려와 요양하며 쉬는 동안 배울 건 다 배웠다 싶었다. 그래서 조직으로 돌아가는 대신 출판사를 차렸는데 순식간에 빚더미에 앉았다. 그 사연은 본문 3장 '포지션의 비밀'에 소개했다.

### 사업 실패에서 무슨 교훈을 얻었나.

배울 게 아직 한참 남았다는 걸 깨달았다. (웃음) 책을 만들 줄은 알아도 파는 법을 몰랐다. 대중과 시장을 알아야 했다. 마케팅을 공부하자, 베스트셀러를 만들자, 몸값을 올리자, 그런 다짐을 했다. 사업에 실패하지 않았더라면 결코 하지 않았을 다짐이다.

**책 만드는 일만 해도 행복하던 사람이 왜 갑자기 그런 결심을 했나?**

내 몸이 망가지는 상황에 이르고 보니 다시는 내 노동을 헐값에 팔고 싶지 않아졌다. 아무 비전 없이 커리어를 이어가기보다 요구 사항이 있다면 그만큼 해내고 필요한 부분이 있다면 학습해서라도 채우며 내 몸값을 올려야겠다고 마음먹었다. 그렇게 태도를 바꾸니 커리어와 연봉이 확연히 바뀌더라.

**기쁨이 컸겠다. 좋아하는 일에서 원하는 만큼의 보상을 받은 것 아닌가.**

복귀한 뒤 운 좋게도 연달아 베스트셀러를 냈다. 에디터로서 나의 입지도 생기고 저자도 주목받고 회사 분위기도 좋았다. 그런데 이상하게도 허탈했고 급격히 모든 일을 하기 싫은 상태에 빠졌다. 어느 날 심리학자 하유진의 《소명Calling》이라는 투고 원고를 검토하게 됐다. 심리학 이론을 토대로 커리어 서치와 전환 등을 코치하는 내용이었다. 무명 저자의 첫 원고였지만 흡인력이 있었다. 저자의 신실한 관점이 계속 글을 읽도록 만들었다. 그 힘에 이끌려 기획에 착수했고 몇 개월 후《내가 이끄는 삶의 힘》이라는 책으로 출간했다. 이 책을 만들면서 당시 당면했던 직업적 허탈감의 정체를 바로 볼 수 있었다. 나는 나의 일을 삶의 차원으로 끌어올리지 못하고 있었다. 일과 삶이 분리된 채로 계속 소진되다 보니 내면이 공허해졌고 외부 평가에 쉽게 흔들렸다. 가령 내가 만든 책으로 회사 매출은 커지는데 왜 연봉은 쥐꼬리만큼 오르는지, 저자는 유명해지는데 왜 내 입지는 갈수록 위태로운지 등. 이 갭이 커지니 우울이 깊어지더라.

> 누군가를 조명하는 일을 하는 사람들의 숙명 같다. 한편 상황적인 문제나 회의감에 그만두는 사람도 많지만, 이 일을 지속하는 사람도 많다. 그들의 동력은 뭘까.

인간의 기본적인 욕구엔 식욕, 성욕, 수면욕 외에도 앎에 대한 욕구가 있다. 세상과 사물의 이치를 정확하게 알고 나라는 존재를 온전히 이해하고자 하는 욕망. 나는 이 욕구가 인간을 인간답게 한다고 생각한다. 맛있는 음식 먹으면 기분 좋고, 안락한 환경이 마련되면 만족스럽다. 하지만 탁월한 문학 작품을 읽거나 논리와 분석이 빼어난 글을 접하면 말초적 감각을 뛰어넘는 쾌를 느낀다. 마치 유체 이탈이라도 하듯 내가 처한 환경이 낯설면서도 종합적으로 보이는 제3의 눈이 생긴다. 이건 책을 읽고, 쓰고, 만드는 사람만이 맛볼 수 있는 열매다. 출판과 편집은 지식과 정보와 감각의 최전선에서 지금과는 다른 언어, 다른 존재, 다른 세상으로 우리를 데려간다. 이 맛을 보려면 오랜 시간이 걸리지만 한번 열리면 좀처럼 닫히지 않는다. 벽이 문이 된다.

> 앞서 말한 에디터는 끝없이 공부한다는 점과도 연결된다. 그 과정을 즐기는 사람들이 에디터로 일하는 것 같다.

언젠가 내가 만든 책들을 하나씩 세다가 그만둔 적이 있다. 수백 권이 넘더라. 책이 하나의 세계라면 나는 수백의 세계가 창조되는 데 관여한 셈이다. 내게 특별한 능력이 있어서? 어불성설이다. 한 권 한 권 새롭게 펼쳐지는 세계가 흥미로워 이 일을 하고 있지만 나의 지적, 신체적 한계 앞에서 매번 좌절한다. 그럼에도 이 일을 계속하게 하는 동력은 무얼까. 일단 내 손으로 무언가를 만들어 낸다는 것이 재밌다. 몰랐던 세계를 자세히 알게 되는 것도 기쁘다. 책 덕분에 특별한 사람들과 교유하는 행복은 말할 것도 없다. 이 맛에 수많은 좌절과 절망의 순간들을 감내하는 것 같다. 나는 최근에야 에디터로서 나의 모자람을 있는 그대로 받아들이게 됐다. 본문에도 소개한 지바 마사야라는 일본 철학자로부터 큰 도움을 받았다. 그가 강조하길, 앎의 세계에서 한계, '유한성'을 자각하는 일은 굉장히 중요하다. 종이책은 독립적이면서 유한한 하나의 물성이다. 자체로 완성품이다. 그 안에 오류가 많더라도 일단 완결됐다는 감각을 준다. 눈으로 활자를 읽고, 코로 잉크 냄새를 맡고, 손으로 종이의 질감을 느끼며 이뤄지는 독서 행위는 이 '불완전한 완결성' 때문에 가능하다. 독자로서 우리는 한 페이지 단위로 정리되고 완결된 지식을 접하면서 묘한 편안함을 느낀다. 유한이 없다면 무한도 없다.

책을 사는 사람의 마음과도 비슷한 것 같다. 종이책의 물성이 좋아서 그걸 구입하고 수집하는 사람들도 많지 않나.

맞다. 바로 그 점 때문에 종이책은 앞으로 물성의 고급화를 더 추구할 것 같고, 소장욕을 자극하는 심미적 완성도가 마케팅의 가늠자 역할을 할 것 같다. 마치 중세의 필사본 성경처럼.

에디터는 글쓴이에게 직접적으로 제안하는 사람이기도 하다. 결국 이 글을 쓴 사람의 마음을 헤아리고 상상하며 완성본을 조율해 나갈 텐데, 그만큼 소통의 기술

**또한 중요하겠다.**

저자를 섭외할 때 출판사 브랜드가 미치는 영향은 상당하다. 그렇지만 결국 그들과 대면하는 에디터의 손에서 열매의 크기가 결정된다. 저자의 제2의 자아인 원고를 디렉팅하는 이가 에디터다. 영민한 저자는 에디터에게 격을 갖춘다. 그런 저자를 에디터는 더 성심껏 매니징한다. 나는 편집장이나 기획실장으로 일할 때도 초벌 원고를 내 손으로 챙겼다. 그 작업을 직접 해야 저자의 목소리가 '내 것'처럼 느껴지면서 원고의 전체상이 보이더라. 그래야 저자의 원고를 내 것처럼 떠들게 된다. 자기 글에 자기보다 더 풍덩 뛰어들어 열변을 토하는 에디터를 싫어할 저자는 드물다. 에디터는 원고를 대할 때 정확한 분석과 강력한 공감, 두 가지를 겸비해야 하는데 경험상 후자가 더 강한 무기였다. 공감되지 않는 원고는 아무리 애를 써도 잘 만들어지지 않더라.

**다른 일과 마찬가지로 이 일도 사람 스트레스가 가장 클 텐데, 그걸 해소하는 방법은 무엇일까.**

에디팅은 지적 노동이자, 육체 노동이자, 감정 노동이다. 서비스업처럼 늘 사람을 대면하다 보니 곧잘 방전된다. 관계에 있어 매번 주도권을 쥘 수도 없는 노릇이니 사람 스트레스가 상당하다. 그런 때면 나는 주로 몸을 움직인다. 등산이나 트랙킹을 자주 하고 교외로 한가하게 나갈 여유가 없을 때는 퇴근길을 이용해 무작정 걷는다. 그러다 카페에 들어가 멍하니 차를 마시기도 하고, 심야 영화를 보며 영상미에 빠져들기도 한다. 에디터마다 스트레스를 푸는 방법이 다를 텐데 나는 일단 사람들로부터 나를 격리시킨다. 혼자가 되어야 에너지가 채워지는 편이다. 명상이나 묵상을 통해 잠시 머릿속 생각을 잠재우는 것도 도움이 된다. 일상에서 공백이나 정적을 만들어 봐야 다시금 원고를 읽고 싶은 마음, 사람을 만나 대화하고 싶은 마음이 든다.

저는 오히려 사람에 대한 스트레스는 또 다른 사람을 만나며 푸는 편이다. 환기되는 기분이다. (웃음) 본문에서 편집의 중요한 기술을 여러 키워드로 다뤘는데, 그중 가장 중요하게 생각하는 게 뭔지 궁금하다.

사람과 텍스트를 잘 읽고 핵심을 관통하는 '눈'을 강조하고 싶다. 이것이 기본이라고 본다. 기본이어서 중요한데 그걸 무시하는 경우가 많다. 기본만 충실해도 에디터는 특별해질 수 있다. 일단 텍스트와 친근한 삶을 살아야 한다. 무엇이든 읽고 생각하고 질문하는 게 습관이 돼야 한다. 또 잘 읽어야 잘 발견한다. 무엇이 좋은지 나쁜지, 많이 읽은 사람이 잘 알아본다. 저자도 잘 찾아낸다. 반도체나 인공지능같이 요즘 주목받는 분야는 대중적 관심이 정점을 찍기 전에 전문가를 알아둘 필요가 있다. 자기만의 저자 리스트가 있는 에디터는 기획력이 빠르고, 발 빠른 기획력은 매출과 직결된다. 조직이 좋아할 수밖에 없다.

핵심을 관통하는 눈이라는 본질은 여전하겠으나, 업계 변화에 따라 달라진 업무도 많겠다. 오늘날 에디터가 하는 일은 20년 전에 비해 무엇이 달라졌나.

앞서 말한 텍스트를 보는 눈, 예전엔 그 눈만 있어도 대접받았다면 이제는 연결자로서의 질문이 필요하다. 자신이 만든 책을 어떤 시장에 어떤 콘셉트로 매칭할지 궁리하는 거다. 예전엔 도서를 기획하면 목차를 잘 짜고, 저역자 추천 리스트를 잘 뽑고, 유사 도서를 잘 선별하면 됐다. 이제 그 정도는 기본이고 어느 구독 서비스에 연결할지, 어느 독자층을 타겟팅할지, 어느 커뮤니티를 공략할지 기획 단계부터 생각한다.

어느 순간부터 도서 시장은 박람회 스타일의 쇼핑몰처

럼 됐다. 그만큼 책 하나 만드는 것뿐 아니라 이걸 가치 있는 상품으로서 얼마나 예쁘게 디자인할지, 어떤 혜택을 함께 줄지 고민하게 된다.

발견성이 콘텐츠 산업의 중요 화두다. SNS 등으로 모두가 연결되어 너무 많은 정보와 상품이 흘러 다니다 보니 '내 책을 어떻게 발견되게 할 것인가'가 중요해졌다. 또 소비자들이 책을 하나의 상품, 굿즈로 인식하고 있다. 자연스레 출판계도 반응할 수밖에 없다. 옳고 그름을 떠나, 다른 상품과 비교해 책으로만 할 수 있는 프로모션을 문화 차원에서 고민해야 하는 시점이다. 서점에 책을 진열하는 것만으로는 충분하지 않다. 신간 출시와 함께 저자 북토크나 강연, 교육 프로그램을 필수 옵션처럼 고려하게 된 지는 오래다. 에디터가 할 일이 더 많아졌다.

세상에 내 책이 발견되도록 하기 위해 어떤 노력까지 해봤나.

우리 팀의 책을 베스트로 띄우라는 사장님의 명에 아침마다 강남 한복판에서 신간 홍보 책자를 배포한 적이 있다. 홍보 책자만 2만 부 넘게 찍었던 것으로 기억하는데, 출근길에 예민할 대로 예민한 직장인들의 싸늘한 눈초리가 상처로 남았다. 그 후로 길거리 홍보는 접었다. (웃음) 대신 페이스북이나 인스타그램 등 개인 SNS를 열심히 한다. 내 책을 알리려면 에디터인 나부터 알려야겠더라. 십여 년 전부터 '에디터의 하루'라는 태그로 글을 올렸는데 결이 맞는 사람도 제법 만났고 책 연도 많이 맺었다. 일부러 다른 분야, 다른 취향의 사람들과도 친구가 된다. 그들의 전문 영역을 탐방하면서 아이템도 기획하고 저자군이나 홍보 채널도 수집한다. 홍보를 잘했던 케이스로 《공부의 철학》이 있다. 마케팅팀과 SNS 홍보 채널을 찾다가 다소 마니아틱하게 책을 리뷰하는 김겨울 유튜버를 알게 됐다. 그분 영상은 상술보다는 자신만의 독해에 방점을 찍더라. 협찬받은 책이라고 해서 마냥 호의적으로 홍보하지 않는 태도가 오히려 《공부의 철학》과 잘 맞겠다 싶었다. 겨울서점의 리뷰 영상이 기존 미디어와 온오프 서점에 2차, 3차로 퍼지면서 매출에 크게 기여했다. 잘 매칭된 인플루언서의 영향력을 실감하는 순간이었다. 다 SNS를 열심히 한 덕분이다.

**예전엔 마케터가 했던 역할들이 에디터에게 옮겨 가고 있다. 왜일까?**

에디터는 저자와 제일 먼저 관계하면서 이런저런 아이디어를 내기가 좋은 위치다. 연결성의 시대인 만큼 그 최전선에 놓인 에디터의 역할이 막중해졌다. 책에 대한 최초의 아이디어가 에디터에게서 나오니 당연한 흐름이기도 하다. 프로듀서, 디렉터로서의 면모가 더 요구되고 있다. 누군가의 지적처럼 기획은 이미 마케팅, 판매 지도를 품고 있어야만 한다. 해외 출판은 이미 이런 역할을 전담하는 에디터acquiring or commissioning editor가 있다. 아울러 우리가 흔히 아는 교정·교열 편집자line editor·copy or manuscript editor 전 단계에 개발 편집자developmental editor 를 두어 저자와 원고 관리에 만전을 기한다. 책의 홍보와 프로모션은 예나 지금이나 마케터만의 일이 아니다. 마케터도 에디팅을 공부해야 하는 시대다.

> 책의 역할도 달라지는 것 같다. 더 이상 지식의 요람이 아니지 않나.

책은 정보와 지식을 전달하는 매체인 동시에 엔터테인먼트 도구다. 예전엔 시간 때울 때 주로 책을 읽었는데 요즘은 즐길거리가 너무 많다. 유튜브라는 개인 미디어와 OTT라는 인터넷 스트리밍 서비스 확산이 결정적이다. 웬만한 정보는 유튜브에서 얻고, 웬만한 재미는 넷플릭스나 디즈니플러스에서 누린다. 책이 대중적 오락거리의 지위를 잃으면서 출판계는 오히려 취향 공동체를 겨냥한 주제와 고급화된 물성을 추구하는 쪽으로 방향을 잡는 듯싶다. 당장은 디자인이나 소재 등 외적인 물성에 집중하고 있지만 내적으로도 전문화, 고급화를 추구할 거라고 본다. 과거 중세엔 문자를 알고 시간과 자산의 여유가 있는 귀족들이 책을 소장했다. 계급에 따른 문해력의 격차가 컸던 그 시대로 회귀하는 것 같다. 적어도 종이책에 관한 한.

시장은 워낙 빠르게 변해 가는데 이 트렌드를 따라가는 게 힘겹지는 않나.

힘에 부친다. 위기감도 느낀다. 그래도 에디터로 사는 한 미디어나 콘텐츠의 변화에 민감해야 한다고 본다. 새로운 세계에 대한 심리적 저항을 내려놓는 것부터가 어쩌면 우리의 본업인지도 모른다. 새로운 콘텐츠 플랫폼이 출현하면 후다닥 달려들어 살펴본다. PC를 비롯한 전자기기에도 관심이 많은 편이다. 일단 새로운 미디어나 문서 툴, 홍보 툴이 출현하면 관심을 가지고 지켜본다. 이런 여유가 가능한 건 하늘 아래 새로운 것은 없다는 말을 믿기 때문이다. 형태가 달라질지언정 그 안에 담기는 인간의 내용물은 고대부터 지금까지 거의 그대로다. 본문에서도 얘기했지만 '재구성'될 뿐이다. 이걸 꿰고 있으면 변화의 흐름이 두렵지 않다.

## 스트리밍 시대에 필요한 텍스트

이미지와 오디오와 영상을 소비하는 시대로 나아가고 있다. 출판 시장은 사양 산업이라는 말에 대해 어떻게 생각하는가.

출판은 지는 별이지만 그렇다고 맥없이 소멸하진 않을 것이다. 지식과 정보를 전달하기 위해 인류가 고안해 낸 가장 창의적인 도구가 책이기 때문이다. 또 이미지와 오디오와 영상의 밑천이 바로 텍스트다. 그 텍스트를 담는 용기가 바뀌고 있을 뿐이다. 책 읽는 사람들이 많이 줄어든 건 사실이지만 책을 읽어 온 사람은 계속 읽고, 소장하는 사람은 여전히 소장한다. 그래서 이 지점을 고민한다. 굳이 사서 읽어야 하는 책은 무엇이 달라야 할까? 굳이 지갑을 열어 2~3만 원을 지불하게 만드는 책은 무얼까? 출판은 산업인 만큼 셀러를 만드는 것은 여전히 중요한 과제다. 《82년생 김지영》 같은 작품이 탄생하는 건 출판계 전체에 이롭다. 그럼에도 단 백 권만 팔리더라도 '결코 중고 서점에 내다 팔고 싶지 않은 책'을 고민하는 게 나의 본업이라고 생각한다.

### '한번 사면 결코 내다 팔지 않을 책', 그런 책은 어떤 책인가?

모르겠다. 알려달라. (웃음) 일단 텍스트의 가치가 중요할 텐데, 인터넷에 떠다니는 실용적 지식이나 일상적 정보는 내용보단 전달자, 캐릭터의 목소리가 중요해졌다. 유튜버가 그걸 증명한다. 아울러 갑부가 아닌 이상 누구나 때가 되면 책장을 정리한다. 나도 이젠 책을 버리는데, 트렌드 지난 실용서를 제일 먼저 처분하게 되더라. 문학 전공자지만 소설책과 평론집도 많이 솎아냈다. 철학이나 사상서, 고전, 경전 등은 앞으로 완독할 일이 없을 텐데도 고이 모셔둔다. 비싸게 주고 사서 그런가? (웃음) 출판은 과거와 현재가 문자로 나누는 대화다. 시류를 무시해선 안 되고 시류만 따라가서도 안 된다. 인류가 오랫동안 천착해 온 가치들을 요즘 트렌드, 요즘 언어로 풀어내기만 해도 창조적인 에디팅이 된다. 가령 예전엔 '인권'만 다루면 되었지만 이젠 '여성의 인권', '장애인의 인권', '성소수자의 인권', 나아가 '동물권', '기계권'을 다뤄야 한다.

### 그런 책을 만들기 위해 고수해야 할 태도는 무엇일까.

에디터는 소속이 있든 없든 자기만의 백리스트를 상상해야 한다. 실은 조직 안에서 내가 소모된다고 느낄 때마다 버텼던 힘이 이거다. 하루는 켄 윌버라는 통합심리학자의 책을 주로 펴내는 샴발라 출판사 홈페이지를 찾아 들어간 적이 있다. 불교 서적이 많았는데 그 안에서도 수십 카테고리로 나눠 콘셉팅한 백리스트를 보면서 언젠간 나도 이렇게 만다라 같은 출판사를 차리고 싶다 생각했었다. 과거 우연히 심어둔 씨앗 덕분에 지금 내 출판을 준비하게 된 것도 같다. 요즘은 조직을 나와 창업하는 에디터들의 전략을 관심 있게 지켜본다. 특히 녹색광선이라는 1인 출판사는 근대 서양 문학을 주로 펴내는데 만듦새가 단아하고 고급스럽다. 컬렉터들에게 어필할 만하다. 형태도 형태지만 숨어 있는 명작을 참 잘 찾아낸다. 출판사의 전체 단행본이 불순물이 안 들어간 한 편의 시리즈 같다는 느낌을 준다. 어차피 메이저 출판사의 자본과 기획력과 마케팅을 따라갈 수 없다면 분야를 좁혀 전문적으로 파고드는 에디터가 성공 확률이 높은 것 같다. 여기에 더해 나는 어떤 취향 공동체를 좋아하는지, 어떤 커뮤니티를 지지하고 응원하는지를 한번쯤 기획의 각도에서 들여다보면 좋겠다. 결국 우린 누군가를 옹호하고 대변하며 연결하는 사람이니까.

사실 남의 취향은 둘째치고 내 취향조차 무엇인지 모르는 사람도 턱없이 많다. 관심사들을 하나로 묶어 가시화하기 위해 필요한 것은 무엇일까.

내겐 '일=삶'이라는 공식이 머릿속에 있다. 일은 나를 실현하는 도구다. 사람들은 의외로 '일'이라는 것에 관심이 많다. 스티븐 킹도 《유혹하는 글쓰기》에서 독자들이 유독 좋아하는 소재로 '일'을 꼽았다. 잘 모르는 직업이라도 전문적이고 디테일한 면을 다루면 독자들이 그렇게 좋아한다더라. 노동은 번거롭고 피곤한 것이지만 그걸 즐기는 이에겐 자기 성장의 도구가 된다. 에디터는 이런 면에서 유리하다. 자기가 좋아하는 분야, 즐겨 하는 것을 책의 무대로 끌고 올 수 있으니. 좋아하고 즐겨 하는 것일수록 잘 만들 가능성이 크다. 주 5일 동안 책 만들다 주말 된다고 책 생각이 사라지나?

사라지지 않는다. (웃음) 생각을 정제하는 일을 하는 사람 중 일과 삶이 스위치 끄듯 온오프(on-off)되는 사람은 없을 거다.

그러니 그럴 바에야 내 삶을 책의 세계로 끌고 들어가는 거다. 에디터의 질문은 금요일 밤에도 지속되고, 주말 내내 발효되어, 월요일 아침이 밝으면 고스란히 책이 된다. 일상 하나하나가 책의 소재가 된다. 단편 단편 끊어져 있는 무의미한 일상

속에서 의미를 읽고 맥락을 만드는 게 에디터의 일이라고 생각한다.

그건 단순히 에디터에게만 한정되지 않는 것 같다. 무언가를 발굴하고 기획하고 만들어 내는 모든 일에 해당될 텐데.

그렇다. 사실 어느 업계에서든 당대의 베스트셀러는 사람들이 불편하게 여기는 무언가를 해결해 주는 상품이라고 한다. 뭔가 대단히 특별할 필요 없이 불편한 그 작디작은 문제 하나만 잘 해소해 줘도 팔린다는 거다. 그게 니즈needs라는 것일 텐데, 매스 미디어, 매스 콘텐츠가 성공하는 덴 이유가 있다. 왜 사람들이 〈오징어 게임〉에 열광하겠나. 사회적 격차와 그로 인한 인간 소외 문제를 게임이라는 손쉬운 알레고리로 풀어 주니 크게 공감하는 것이다.

사람들이 느끼는 작디작은 불편을 포착해 해소해 주는 것. 결국 많은 직업의 본질과도 닮아 있겠다.

많이 팔리는 책엔 분명 자본과 마케팅의 논리가 작용한다. 하지만 대중의 무의식과 니즈를 반영하는 영리한 에디팅이 우선한다. 상업적인 도서를 만들면서 이걸 배웠다. 콘텐츠를 만드는 사람이라면 당대 사람들이 지금 무엇에 목말라 하는지를 주의 깊게 관찰하고 대중에게 좀 더 친절해질 필요가 있다. 학술서를 만들 때조차 독자의 욕망, 책의 쓸모를 궁리해야 한다. 다행히도 깨어 있는 에디터를 종종 만난다. 그들이 계속 책을 만드는 한, 출판은 누군가의 미래가 될 것이다.

에필로그

# 이것은 에디터만의
# 이야기가 아니다

편집에 관한 책을 쓰자고 결심했을 때, 공교롭게도 나는 편집 현장에서 가장 먼 곳에 떨어져 있었다. 오른쪽 가슴에 자리 잡은 혹이 암으로 판명되면서 수술과 방사선 치료를 막 치러낸 참이었다. 병기는 초기여서 생명에는 지장이 없었지만 생애 처음 주입한 전신마취제 후유증 탓인지 아니면 번아웃이 함께 왔는지, 무엇보다도 읽는 일이 힘에 부쳤다. 원고가 될 만한 글이라면 책 외에도 매체와 도구를 가리지 않고 읽어 치우는 것이 에디터의 일인데, 문단 하나를 제대로 넘기지 못하고 다시 첫 문장으로 돌아와 읽고 또 읽는 일이 반복됐다. 사람의 말을 집중해서 듣고 응답하는 일도 힘에 부쳤다. 한두 마디 듣다 보면 의식의 초점이 흐려지며 금방이라도 쓰러질 듯 어질병이 일었다. 당시 편집장으로서 팀 단위 회의부터 임원 회의까지 크고 작은 의사결정에 참여해야 했던 나로서는 마음속 깊이 위기감을 느꼈다. 책 만드는 사람이 읽고 쓰고 대화할 수 없다면, 이제 나는 어떻게 되는 것일까?

읽을 수도 쓸 수도 없는 뜻밖의 인지 장애 상황에 직면하자 감당하기 어려운 공포가 밀려왔다. 부정적인 감정이 이성을 압도하자 당장 읽지도 못할 책을 잔뜩 사들여서는 제대로 펼쳐 보지도 않고 방바닥에 던져두었다. 방바닥에 방치한 책들이 잠자리까지 침범하던 어느 날, 무심코 책등이 보이도록 방바닥에 일렬로 줄을 세웠다. 줄을 세우며, 한 권 한 권 천천히 소리 내어 제목을 읽었다. 자연에게 말 걸기, 나무의 말이 들리나요, 욕망의 식물학, 숲의 인문학, 지금은 자연과 대화할 때, 조화로운 삶, 숲속의 은둔자……. 순간, 피식 웃음이 나왔다. 건강을 돌보기 위해 당장 숲에 가야 할 환자가 숲에 관한 책부터 쟁여 놓고 있었던 거다. 나의 일상이 바로 이런 에디터의 무의식적 습관으로 지탱되고 있음을 깨닫자 놀랍게도 마음의 결이 가지런해지며 평온해졌다. 위기는 기회라는 말이 있던가. 삼면이 책으로 둘러싸인 서재에 누워 글 한 줄 제대로 읽을 수 없던 시간을 지나는 동안, 역설적이게도 나는 읽고 쓰는 일에 대해, 듣고 말하며 소통하는 일의 본질에 대해, 이 습관들로 점철된 편집 행위에 대해 기나긴 질문을 시작할 수 있었다.

나의 인지 능력은 예전 같지 않다. 200자 원고지 1000매 이상의 원고를 한 호흡에 읽고 한두 줄 또는 한두 문단으로 쓱쓱 정리하던 집중력은 사라졌다. 한 편의 글을 한두 단어로 개념화하여 명료하게 전달하는 일이 세상에서 가장 힘겨운 과제가 됐다. 전체를 부분으로 치환하거나 부분을 통해 전체를 표상하는 뇌의 복잡미묘한 능력이 영영 사라진 것만 같다. 하지만 이런 상황에 처하니 편집 행위가 지력만으로 이루어지는 것이 아님을 알겠다. 지력을 넘어선 내면의 열의, 타자를 향한 소통 의지, 존재와 세계에 대한 낙관적 태도 등이 이

업을 단단하게 받치는 대들보임을 알겠다.

위기의 사계절이 세 차례나 지났다. 이번에 복귀한 소속은 더는 타의에 의해 떠밀릴 일 없는 곳이다. 이곳에서 나는 에디터이자 디자이너이며 마케터이자 경영자로서 아이템 기획뿐만 아니라 자본 조달, 일하는 방식, 브랜딩, 경영 철학까지 모든 것을 스스로 설계하고 결정하고 실행해야 한다. 월급쟁이 시절에는 하루 스물네 시간을 타율이 아닌 자율로 살아가는 삶을 꿈꾸며 버텼는데 막상 현실이 되고 보니 두려움이 스멀거린다. 정말이지 만사를 스스로 해내야 한다. 내가 움직이지 않으면 나의 일은 그냥 멈춰져 있다. 이 상태를 지적하고 재촉하고 추궁하는 이가 단 한 사람도 없다. 하루 종일 놀아도 비난하는 사람이 없다. 놀랍고 낯선 경험이다. 출간 일정과 마감이 쳇바퀴처럼 돌아가는 타임라인 위에서 책을 밀어내고 사람을 만나 왔던 지난날의 관성이 사라지지 않은 것이 다행하달까. 20년 넘게 책을 만들면서 다져진, 내 몸이 기억하는 현장을 수시로 떠올리는 이유다. 그때는 가능했으나 지금은 불가능한 일의 조건을 헤아려 본다. 지금이기 때문에 시도할 수 있는 일의 미래도 궁리해 본다.

배우고 익힌 것들을 다시금 돌아보고 나만의 편집 화두를 추출하는 시간은 즐거웠다. 20년 넘게 책을 만들면서 몸에 각인되다시피 한 지표들을 돌아보니 12개의 키워드로 정리

됐다. 욕망, 질문, 창조, 원고, 안목, 매뉴얼, 의사소통, 의사결정, 포지셔닝, 관계, 공부, 노동. 다른 직종 사람들도 공감하기를 바라며 되도록 보편적인 주제를 골랐다. 지력과 체력이 한창일 때 썼다면 더 정교한 작업이 가능했겠지만, 그때는 불가능했던 메타적 관조를 시도한 것으로 위안 삼고 싶다. 현미경처럼 정밀하게 들여다보기보다 멀찍이 관망하며 편집이라는 '일'의 둘레를 스케치했다. 아울러 이들 키워드를 구체적으로 풀어 줄 사례case+episode를 덧붙였다. 적정한 인물과 책이 직관적으로 떠올랐다. 제외된 무수한 책과 인연을 떠올리면 아쉽고 죄송하지만 다른 기회에 더 나은 맥락에서 언급할 기회가 오길 바란다.

궁극적으로 나는 '편집editing'이라는 손가락을 통해 '일work'이라는 달을 가리키고자 했다. 세계적 커리어 전문가 리처드 볼스 박사가 말하길, 일이란 돈을 버는 방법에 국한되지 않는다. 일이란 내가 누구인지를 나타내는 매개체로서, 화가의 물감, 배우의 무대, 가수의 노래, 시인의 언어에 견줄 만한 무엇이다. 따라서 내가 선택한 일이라면 그 일을 해 나가는 과정에서 나만의 고유한 개성이 드러나게 마련이다.[27] 편집 일을 좋아해서 잘하게 되었는지, 잘해서 좋아하게 되었는지 정확하게 구분하기는 어렵다. 다만 이제야 나의 일을 자력으로 '선택'하고 보니, 지난 24년이 기나긴 수습 시절에 불과했음을 알겠다.

이 책을 쓰는 동안 내내 미지의 독자를 떠올렸다. 책을 비롯해 텍스트의 미래에 관심 있는 분들, 넘쳐나는 콘텐츠와 오락거리에도 불구하고 책과 저널을 탐독하는 분들, 웃고 슬 기는 만인들 사이에서 고요히 내적 질문에 집중하는 사람들, 머릿속 앎을 일과 삶에 뿌리내리고자 오늘도 충실하게 분투 하는 사람들, 일을 사랑하고 일을 통해 궁극의 자신을 실현하 려는 사람들…….. 에디터로 살아오는 동안 이런 지적 생활자 들과 매일같이 교유할 수 있었다. 그것이 나의 일이라는 사실 이 새삼 기쁘고 감사하다.

주

1 _ 프랑스 문학 평론가 르네 지라르의 탁월한 서사 이론인 '삼각형의 욕망'에 따르면 자기 자신에 만족하지 못하는 개인은 자기 자신을 초월하려는 욕망을 가지며, 초월은 자기가 욕망하는 대상을 소유함으로써 가능해진다. 그런데 자본주의 체제에서 개인은 자연 발생적인 자신의 진짜 욕망에 지배를 받기보다 중개자의 욕망을 모방함으로써 대상에 가닿으려는 간접화 현상에 쉽게 물든다. 따라서 욕망이 욕망을 모방하는 가짜 욕망들의 세계가 판치며 대상과 주체의 간격은 쉽게 가까워지지 않는다. 이것이 시장 경제 체제에서 사람들이 진정한 사용 가치를 추구하는 대신에 비진정한 교환 가치를 추구함으로써 가짜 가치의 지배를 받는 원리라고 르네 지라르는 설명한다. 나는 자본주의 체제에서 교환 가치가 가장 낮은 언어를 통해 세계를 모방하고, 존재를 경유하여 세계로 확장하려는 에디터의 욕망이야말로 진정한 사용 가치를 추구하는 길이라고 여긴다. 르네 지라르(김치수 · 송의경 譯), 〈'삼각형'의 욕망〉, 《낭만적 거짓과 소설적 진실》, 한길사, 2001 참조.

2 _ 이 눈의 정체를 알게 된 것은 서른 즈음이다. 건강을 돌보기 위해 시작한 국선도 수련과 다양한 명상을 통해 자아의 사고와 오감과 무의식을 관조하고 통제하는 또 하나의 눈이 있음을 알게 됐다. 심리학에서는 이를 두고 초자아의 눈 또는 메타인지(Metacognition)라고 부르는데, 자신이 무엇을 알고 무엇을 모르는지를 인식하는 상태로서 일종의 인식에 대한 인식, 생각에 대한 생각이라고 할 수 있다. 에디터에게 필요한 능력 중 하나가 바로 이 메타인지다. 메타인지가 발달한 사람은 앎 자체를 관조하며 지식과 정보를 균형감 있게 다루고 재편하는 데 뛰어나다. 감정을 통제하는 능력도 탁월해서 여러 사람의 다양한 의사결정 끝에 탄생하는 편집이나 출판의 전 과정을 원만하게 운행할 수 있다.

3 _ 고미숙, 《읽고 쓴다는 것, 그 거룩함과 통쾌함에 대하여》, 북드라망, 2019, 131쪽.

4 _ 마쓰오카 세이고(박광순 譯), 《지의 편집》, 지식의숲, 2000, 83쪽.

5 _ 김정운, 《에디톨로지》, 21세기북스, 2014, 28쪽.

6 _ 피터 지나(박중서 譯), 《편집가가 하는 일》, 열린책들, 2020, 15쪽.

7 _ 스티븐 킹(김진준 譯), 《유혹하는 글쓰기》, 김영사, 2002, 14쪽.

8 _ 앤드류 스콧 버그(Andrew Scott Berg)의 소설 《맥스 퍼킨스: 천재 편집자(Max Perkins:

Editor of Genius)》(1978)를 영화화한 〈지니어스(Genius)〉(2016) 참고.

9 _ 통계청 e-나라지표 출판 현황 참조. https://www.index.go.kr/unity/potal/main/EachDtlPageDetail.do?idx_cd=1648, 2023년 4월 20일 검색.

10 _ 과거의 활판 편집과 현재의 DTP(Desktop Publishing) 편집은 핵심 프로세스가 다르다. 활판 편집에서는 식자공이 일일이 수작업하는 '판면 조판의 정확성'이 중요했다면 DTP 편집은 편집 소프트웨어를 통해 기술적·예술적으로 설계하는 '디자인적 사고의 흐름'이 중요하다. 따라서 시대마다 요구되는 매뉴얼도 달라진다 하겠다.

11 _ 츠즈키 쿄이치(김혜원 譯), 《권외편집자》, 컴인, 2017, 31쪽.

12 _ 연극 및 오페라 감독이자 배우이며 의학박사인 조너선 밀러의 말. 엘리너 와크텔(허진 譯), 《오리지널 마인드》, 엑스북스, 2018, 50쪽.

13 _ 오늘날의 페이퍼백 포맷을 만들고 미국의 대표적 문예 교양지 《뉴욕 리뷰 오브 북스(The New York Review of Books)》를 창간한 전설적인 출판인 제이슨 엡스타인은 스토리텔링과 관련해 이런 말을 남겼다. "인간의 지혜와 역사를 말·제스처·노래를 통해 전달하는 행위, 즉 스토리텔링은 현대 출판업이 존재하기 훨씬 전부터 번창해 온 인간의 타고난 기능이다. 이것은 출판업이 사라진 뒤에도 융성할 것이다." 제이슨 엡스타인(최일성 譯), 《북 비즈니스》, 미래사, 2001, 111-112쪽.

14 _ 패트릭 G. 라일리(안진환 譯), 《The One Page Proposal》, 을유문화사, 2002 참고.

15 _ 김학원, 《편집자란 무엇인가》, 휴머니스트, 2009, 120쪽.

16 _ 아르헨티나 국립도서관 관장으로 일하면서 틈틈이 글을 쓰던 보르헤스가 머리가 찢기는 우연한 사고로 실명하여 더는 스스로 읽지도 쓰지도 못하게 된 시절에 이 소설을 썼다는 사실은 의미심장하다.

17 _ 잭 트라우트·앨 리스(안진환 譯), 《포지셔닝》, 을유출판사, 2021(40주년 기념판), 31-34쪽.

18 _ 이원석, 《거대한 사기극》, 북바이북, 2013.

19 _ 《잘 산다는 것에 대하여》는 '1장 사람은 무엇으로 사는가', '2장 어떻게 살아갈 것인가', '3장 생각이 깊어지는 삶이 행복하다', '4장 홀로 숲을 이루는 나무는 없다'로 구성돼 있다. 박상설이라는 사람의 생각과 삶의 궤적을 먼저 보여 준 뒤 세상을 향한 노년의 지혜와 금쪽같은 제언들을 후반부에 배치했다. 책 말미에는 선생님의 유언장을 실었다. 선생님은 의사로부터 걸어야만 살 수 있다는 진단을 받은 이후로 '혹여 길에서 자신이 죽어 있는 모습을 발견하거든 그저 자연에 버려 달라'는 내용을 적은 유언장과 소정의 장례비를 함께 담아 늘 몸에 간직하고 다니셨다. 가족과 타인과 우주에게 폐를 끼치고 싶지 않아 자신의 최후를 늘 염두에 두고 사셨다.

20 _ 독자로서 내가 줄곧 흥미를 잃지 않고 몰입해 온 분야가 둘 있는데 바로 신학과 과학이다. 두 학문을 좋아하는 이유는 앎의 끝판왕이랄까, 그런 점이 느껴져서다. 신학은 신이라는 관념에 몰두하고 과학은 우주라는 사물에 몰두하지만 몰두하는 방식 자체는 대상에 대한 앎을 극단까지 추구한다는 점에서 동일하다. 두 분야는 서로의 학문적 대상과 믿음이 극단적으로 달라 양립 불가능한데도 수천 년 동안 앞서거니 뒤서거니 인류의 세계를 지탱해 왔다. 서로가 서로의 목적이면서 도구인 샴쌍둥이 같을까. 이것이 '인간의 학문'이라는 사실이 흥미로워 기회가 닿는다면 에디터로서 두 분야를 횡단해 보고 싶은 마음이 크다. 그래서 시작한 공부가 고대근동학(과 물리학)이다. 일례로 2014년 푸른아카데미에서 일반인 대상으로 가톨릭 평신도 신학자인 주원준 박사의 '구약성경과 신들'이라는 강좌가 열렸는데, 강좌 소개문을 무심코 읽다가 '신'이 아니라 '신들'이라는 단어가 눈에 들어왔다. '유일신교의 본산지에 또 다른 신이 있었단 말인가?' 다신교나 범신론에 우호적인데도 유일신교 가정에서 나고 자라 야훼 신앙을 거부할 수 없어 다소 괴로웠던 나로서는 눈이 번쩍 뜨이는 주제였다. 이것 하나가 궁금해 시작한 공부가 현재까지 이어지고 있다. 지난 10년간 주원준 박사님이 대학 바깥에서 펼치는 강의를 대부분 쫓아다녔더니 어느새 우가릿어와 히브리어까지 공부하고 있다. 자그마치 기원전 언어다. 고전어도 아닌 고대어다. 몇몇의 인간이 신과 얼굴을 마주하던 시절의 언어. 기원후 21세기를 살아가는 나의 실무와는 하등 관련 없는 공부인데 어느새 나의 실무보다 더 중요해졌다. 놀라운 일이다. 누군가의 덕후, 무언가의 추종자가 되기로 결심한 것도 그러하거니와, 실무와 관련 없이 오로지 그 자체로 즐거운 공부를 시작한 순간 에디터로서 나의 삶이 권태와 무의미의 굴레로부터 벗어나기 시작했다는 사실.

21 _ 미하이 칙센트미하이,《몰입, FLOW》, 한울림, 2018 개정판.

22 _ 황농문,《몰입》, 알에이치코리아, 2007.

23 _ 앙토넹 질베르 세르티양주(이재만 譯),《공부하는 삶》, 유유, 2013, 30-31쪽.

24 _《공부의 철학》한국어판은 한일 통번역가 박제이 선생님의 번역을 거쳐 더 깊고 풍부해졌다. 이 책의 존재를 처음 알려 주셨던 홍성민 선생님은 일정상 번역에 참여하지 못하셨는데 이 자리를 빌려 다시 한번 감사드린다. 지바 마사야 선생의 지적 세계를 우리말로 찰떡같이 옮겨 줄 번역자를 찾을 때 왜인지 철학 전공자에게 이 책을 맡기고 싶지 않다는 생각이 들었다. 학위와 논문의 틀에서 벗어나 있되 공부할 줄 아는 번역자를 찾고 싶었다. SNS에서 박제이 선생님의 글을 우연히 본 적이 있었는데 며칠이 지나도 내내 생각났다. 이분 문장은 개념어를 부릴 때조차 촉촉하고 쫀득했다. 정확하고 명료한 번역문은 제법 많지만 우리말을 잘 살려 감칠맛까지 내는 번역문은 드물다.《공부의 철학》옮긴이 후기는 내가 감탄에 감탄을 금치 못하는 글 중 하나다. 적당히 이해한 글은 난해하지만 완전히 이해한 글은 단숨에 읽힌다. 나는 박제이 번역가가 하루라도 빨리 저자의 삶을 시작하길 고대한다.

25 _ "Sed omnia praeclara tam difficilia, quam rara sunt." 바루흐 스피노자(강영계 譯),《에티카》, 서광사, 1990, 321쪽.

26 _ 김상욱,〈존재가 소중한 건 인간이 바라보기 때문이다〉,《경향신문》, 2018.5.17. https://www.khan.co.kr/view.html?art_id=201805172047005#c2b.

27 _ 리처드 볼스(조병주 譯),《파라슈트》, 한국경제신문 한경BP, 2013, 94-95쪽.

북저널리즘 인사이드　　　　베스트셀러를
　　　　　　　　　　　　만드는 사람들

스트리밍 시대다. 유튜브 섬네일을 클릭해 오늘의 뉴스를 접한다. 습관적으로 켠 넷플릭스 시리즈에서 웃음과 위로를 얻는다. 영상과 이미지를 소비하는 시대로 접어들며 텍스트의 가치는 추락했다. 종이책이 대표적이다. 언젠가부터 책의 물성은 고루한 것, 느린 것, 지루한 것이 됐다. 2021년 엠브레인 트렌드모니터가 전국 만 16~64세 남녀 1000명을 조사한 결과 44.9퍼센트가 "평소 책을 거의 읽지 않는다고"고 답했다. "출판계는 지는 별"이라는 말조차 이젠 구태하게 느껴진다.

상반된 양상도 보인다. 유명 소설가들은 에이전시로 편입되는 중이다. 소설가 김영하, 김초엽 등이 소속된 작가 에이전시 블러썸엔터테인먼트는 작가의 집필 일정과 행사 스케줄을 관리하고 팬덤 문화를 만든다. 지난여름엔 CJ E&M이라는 거대 자본과 손잡고 2차 저작물을 위한 콘텐츠 IP 사업에 본격적으로 뛰어들었다. 연예계 인플루언서의 책 출간도 매년 증가하는 추세다. 방송인 김이나의 《보통의 언어들》, 가수 장기하의 《상관없는 거 아닌가?》 등은 출판과 동시에 바이럴이 된다. 텍스트 가치는 하락하는데 인플루언서 작가는 부상하는 양극화는 출판 시장의 현실이다.

그런데 눈에 띄는 베스트셀러들이 있다. 저자가 유명하지도, 출판사 규모가 거대하지도 않은데 특정 카테고리의 판매 순위 상단을 차지하는 책들이다. 어떤 경우 그 순위를 수개월, 수년간 유지하기도 한다. 조용히 빛나는 책들엔 유명세나 자본의 논리와 무관하게 돌아가는 영역이 존재한다. 독자가 필요로 하는 소재를 포착해 독자가 반응하는 언어로 가공하는 기획이다. 그 중심엔 에디터가 있다.

저자는 에디터의 역할을 욕망, 감별, 연결, 노동 네 가지로 제시한다. 내적 질문을 사회적 어젠다로 이끌어내겠단 욕망이 있어야 하고, 독자에게 필요한 글과 그렇지 않은 글을 감별해야 한다. 끊임없는 소통으로 독자와 저자, 시장과 학계를 연결하고, 무엇보다 산발된 생각들을 책이라는 하나의 물성으로 완성하기 위해 오랜 시간 한자리에서 노동한다. 그 과정에서 산업의 한계에 좌절하기도 하고 무대 뒤 그림자로서 마음에 생채기도 입지만 판을 벌이는 작업을 이어간다. 무수한 정보값이 흘러가는 시대에 '한 권'이라는 단위로 누군가의 세계관을 완결하고 소개한다는 것은 언어에 대한 가장 어렵고도 귀한 애정이다.

에디터의 진가는 그 애정을 사람들에게 설득하는 방식에서 드러난다. 위 세대가 세상을 배워 온 방식을 답습할 만한 이유도 여유도 없는 우리에게 필요한 것은 사람은 책을 읽어야 한다는 시대착오적인 메시지가 아니다. 필요한 책, 읽을 만한 글을 발굴하는 눈이다.

출판만의 이야기는 아니다. 기술, 금융, 건축, F&B 등 모든 분야엔 베스트셀러가 존재한다. 그 기반이 자본이 아닌 기획일 때 우리는 감탄한다. 아무도 발견하지 못했던 니즈를 누구에게나 필요한 형태로 만들어 세상을 설득하는 사람들이 곳곳에 있다. 진정한 베스트셀러는 그들의 손에서 탄생한다.

이다혜 에디터